CABINET COLLET

VENTE LE 8 NOVEMBRE 1880

TABLEAUX

OBJETS D'ART

MONNAIES

Me PILLION, Commissaire-Priseur,
M. Jules de BRAUWERE, Expert.

EXPOSITIONS
6 & 7 NOVEMBRE, DE ONZE A CINQ HEURES

VALENCIENNES
IMPRIMERIE VEUVE EDMON PRIGNET, LIBRAIRE-ÉDITEUR
11, rue de Mons, 11

1880

CE CATALOGUE EST DÉPOSÉ

A VALENCIENNES, chez MM. **Pillion**, commissaire-priseur, 2, passage Boca.

A PARIS........................ *Journal des Arts*, 18, boulevard Montmartre.

— .... **G. Petit**, expert, rue Saint-Georges.

A NICE........................ **E. Brenta**, 10, rue Paradis.

A LILLE........................ **Hourez**, 21, rue de Roubaix.

A BRUXELLES.............. **De Brauwere**, 10, rue des Finances.

A GAND........................ **Rogiers**, antiquaire, rue Neuve-Saint-Jacques.

— .... **De Buyser**, Marché-aux-Œufs.

A ANVERS.................. **Tessaro**, Marché-aux-Souliers.

— .... **Delehaye** frères, 2, rue des Récollets.

A LIÈGE........................ **Renard-Soubre**, libraire-antiquaire, 3, rue de l'Harmonie.

A BRUGES.................. **Segers**, antiquaire, rue des Dominicains.

A MONS........................ **Fumière**, antiquaire, tour Auberon.

A MALINES................. **Beernaerts**, 20, rue de l'Écrin.

A ROTTERDAM.............. **Oldenzeel**, 54, Zuidblaak.

A LA HAYE.................. **Dirksen**, antiquaire, Hofspui.

— .... **Goupil et Cᵉ**, 14, Plaats.

A AMSTERDAM.............. **Boasberg**, antiquaire, Kalverstraat.

— .... **Roos**, expert, Rokin, nº 412.

A COLOGNE................. **A. Brasseur**, 134b, Hohe Strasse.

— .... **Heberlé** (Lempertz), Grosse Sandkaul.

A MUNICH.................. *Anstalt litter. artistische.*

A VIENNE.................. **Friedrich Schwartz**, Niebelungengasse, 1.

A BERLIN.................. **Lepké**, Unter den Linden, 12.

A FRANCFORT.............. **Kolbacher**, directeur du Kunstverein.

A LONDRES................. **P.-L. Everard**, 7 et 8, New-Coventry street Leicester square.

— .... **Hollender et Cremetti**, 37, Great Russel street Bedford square.

VALENCIENNES. — IMPRIMERIE Vᵉ EDMON PRIGNET, RUE DE MONS, 11.

TABLEAUX

OBJETS D'ART

MONNAIES

CONDITIONS DE LA VENTE

La vente se fait au comptant, avec l'augmentation ordinaire de dix pour cent applicables aux frais.

Après l'adjudication, il ne sera admis aucune réclamation de quelque nature que ce soit, les acquéreurs étant censés s'être rendu compte des objets par l'exposition, et les lots adjugés resteront aux risques et périls des acquéreurs.

La hauteur et la largeur sont indiquées en centimètres.

Dans les descriptions, *droite* et *gauche*, s'entendent la droite et la gauche du spectateur.

CATALOGUE
DE
TABLEAUX ANCIENS
PORCELAINES, FAÏENCES
CURIOSITÉS, ORFÈVRERIES, MEUBLES, BRONZES

FORMANT LA COLLECTION DE M. COLLET, AVOCAT

AINSI QUE D'UNE COLLECTION DE

MONNAIES ANCIENNES EN ARGENT
DOUZE TABLEAUX

DU CABINET DE M. BR. B.

UN MAGNIFIQUE LIT DE PARADE

RENAISSANCE ITALIENNE

ET

UN MOBILIER DE BUREAU STYLE LOUIS XIII

VENTE PUBLIQUE A VALENCIENNES

HOTEL DES VENTES, 2, PASSAGE BOCA, 2

LUNDI 8 NOVEMBRE 1880 & DEUX JOURS SUIVANTS

A UNE HEURE PRÉCISE

Me PILLION, COMMISSAIRE-PRISEUR, 2, Passage Boca, 2, VALENCIENNES	M. Jules de BRAUWERE, EXPERT, 10, rue des Finances, 10, BRUXELLES

EXPOSITIONS { PARTICULIÈRE, Samedi 6 Novembre, de 11 à 5 heures ; PUBLIQUE, Dimanche 7 Novembre, de 11 à 5 heures.

VALENCIENNES
IMPRIMERIE Vve EDMON PRIGNET, LIBRAIRE-ÉDITEUR
11, rue de Mons, 11

1880

ORDRE DE LA VENTE

LUNDI 8 Novembre, à une heure :

Les Tableaux.

MARDI 9 Novembre, à une heure :

Les Porcelaines, Faïences, Orfévreries, Bijoux, Curiosités, Nos 1 à 160.

Le soir, à sept heures :

Les Monnaies.

MERCREDI 10 Novembre, à une heure :

Les Bronzes, Meubles, etc., Nos 161 à 303.

L'ordre du Catalogue sera suivi aussi rigoureusement que possible.

AVANT-PROPOS

La ville de Valenciennes qui, depuis deux siècles, a toujours été un important centre artistique, tant par les peintres et les sculpteurs dont elle se glorifie que par les collections d'amateurs que l'on trouvait belles et nombreuses chez elle, tend insensiblement à perdre, sinon dans le monde des Arts, au moins dans celui de la Curiosité, la situation privilégiée, enviable et enviée qu'elle y avait occupée jusqu'à présent. Tant il est vrai que pour toutes choses humaines il est un moment d'apogée après lequel elles iraient vers le déclin, s'il n'était fait de nouveaux efforts pour réparer les pertes.

Elle a perdu successivement la riche et belle collection Piérard, le cabinet Dupire, le cabinet Beauvois, la collection Courtin, la collection Lejeal, si intéressante et si variée dans son unité; elle est sur le point de perdre encore un fleuron de sa couronne artistique : le cabinet Collet, qui va se disperser au vent des enchères publiques. Nous avons du moins pour nous cette satisfaction d'avoir contribué, de l'aveu des connaisseurs, à faire valoir et respecter les richesses accumulées par de longues et patientes recherches.

Appauvrie, la ville de Valenciennes est cependant riche encore, puisqu'il lui reste les deux fameux Pater de Schaffhousen, chez Madame Hamoir, la collection si riche et si nombreuse de M. Foucart, la collection de M. Nicolle, le cabinet de M. Regnard, réunion remarquable de dessins de maîtres et d'estampes et gravures rares, la nombreuse collection de céramique ancienne, objets d'art et curiosités de M. Meurice, le cabinet de M. Dècle, le cabinet de M. Rhoné, et d'autres que nous oublions.

La vente de la collection de M. Collet, que nous présentons aux amateurs et qui aura lieu les 8,

9 et 10 novembre, comprend un cabinet de tableaux choisis avec goût et près de trois cents objets d'art, curiosités, faïences, orfèvreries, etc. Parmi les tableaux on remarquera plusieurs productions intéressantes et très-remarquables de maîtres français, flamands et hollandais. Dans l'école française nous mentionnerons Boilly, *représenté par une composition simple et charmante ; —* Bonnington, *un vrai français, quoique d'adoption, dont nous avons une Vue de Venise, belle et puissante comme les plus beaux Canaletti ; — de* Boucher, *une composition historico-allégorique, gracieuse dans toutes ses parties ; puis un beau sujet mythologique qui a malheureusement souffert ; — le Baiser au Porteur, de* Pater, *sujet que le Maître s'est plu à répéter plusieurs fois dans des proportions et des dispositions diverses ; — une composition très-pittoresque de* Taunay, *que sa qualité a toujours fait attribuer à Boilly ; — enfin et surtout une pastorale d'*Antoine Watteau, *de proportions moindres que celui du cabinet Beauvois, d'un faire moins nerveux et moins accentué, mais très-recommandable cependant.*

Dans les écoles hollandaise et flamande : un Bramer *traité à la Rembrandt, dans la première manière de ce Maître ; — une petite halte de cavaliers, de* Pierre de Laar, *provenant du cabinet Lebrun ; — un* Dirck Hals *de très-belle qualité, réunion de plusieurs jeunes gens buvant et chantant une ronde à boire ; — deux petits* Sébastien Heemskerk, *de cinq et six personnages, comparables aux beaux Molenaer et provenant des cabinets Desfriches puis Dumont de Cambrai ; — un grand paysage montagneux du* vieux David Teniers ; — *une petite tabagie de trois personnages, du* jeune David Teniers, *spirituelle et naïve ; — un grand paysage boisé de* Ferdinand van Kessel, *ayant toutes les qualités de son émule et contemporain Hobbema ; — de* Georges van Os, *un groupe de fleurs et de fruits de très-belle qualité et d'une coloration exceptionnelle.*

Et dans ces deux écoles nous attirons surtout l'attention sur une série d'œuvres de petits Maîtres similaires, remarquables par la finesse, l'esprit de leur exécution, par l'observation consciencieuse et convaincue de la nature et par leur belle conservation. — Deux vues d'Ypres et des environs, par Jacques Beernaert ; — *un site boisé avec personnages, de* Bout *et* Boudewyns ; — *une fête de gueux, composition humoristique du* Vieux Pierre Breughel ; — *une perle de* François de Paula Ferg, *port d'Orient, réunissant, dans un espace des plus restreints, près de cent personnages minuscules rendus avec un esprit incomparable et d'une touche large et ferme quand on les examine à la loupe ;*

véritable grand peinture en miniature ; — deux productions de Michau *et* Boudewyns ; — *une marine de* Bonaventure Peeters, *d'une qualité exceptionnelle ; — deux intérieurs, de* Ferdinand van Abshoven, *dont le faire rappelle beaucoup Simon de Pape ; — et enfin deux ports de mer, charmantes compositions de* Jean-Baptiste Van der Meiren.

Chargés de vendre, à peu d'intervalle, un petit cabinet de douze tableaux recommandables, et voulant en même temps éviter un double déplacement aux amateurs et empêcher que l'intérêt se divise sur deux ventes annoncées se nuisant ainsi mutuellement, nous avons, avec l'agrément des vendeurs, formé un tout des deux cabinets en distinguant le dernier par la mention : Cabinet Br. B. *A la suite du Catalogue des objets d'art nous avons également ajouté six numéros de meubles artistiques, entre autres un magnifique lit de parade, entièrement incrusté d'ivoire et de nacre, de l'époque de la Renaissance italienne.*

Nous espérons que les amateurs se feront un plaisir d'assister à cette vente et nous faisons des vœux pour qu'une partie au moins des œuvres d'art, tout en se divisant, soit recueillie dans les collections anciennes de l'arrondissement de Valenciennes et dans celles qui commencent à s'y créer et qui, espérons-le, combleront bientôt les vides qui se sont faits dans ces dernières années.

JULES DE BRAUWERE.

Octobre 1880.

TABLEAUX

---

1 BAKHUYSEN (L.)

École hollandaise — 1631-1709

Des rochers élevés surmontés de bâtiments s'élèvent à gauche, au bord de la mer. Une tempête affreuse obscurcit le ciel et soulève les flots ; à l'arrière-plan, un grand navire en détresse. Sur le devant, le sauvetage de quelques naufragés.

Hauteur : 31 cent. — Largeur : 39 cent. — Cuivre.

---

2 BEERNAERT (Jacques)

École flamande — Ypres — XVIIIe *siècle*

Devant deux auberges, avoisinant la place d'un village, se trouvent réunis un grand nombre de personnages ; villageois en fête et gens de la ville en excursion dans le village. Des deux auberges on apporte des rafraichissements aux voyageurs attablés. Au milieu de ceux-ci se remarquent trois cavaliers en selle dont l'un, un vieux égrillard, cherche à embrasser la servante qui lui apporte à boire. Au fond, des paysans dansent autour d'un mai.

Très-jolie production d'un maître peu connu.

Hauteur : 47 cent. — Largeur : 66 cent. — Toile.

---

3 BEERNAERT (Jacques)

Devant un château, voisin de la ville d'Ypres, dont on voit les tours dans le fond, sont réunis un grand nombre de personnages en partie assis autour d'une table pour se rafraîchir. Quelques musiciens et deux gardes jouant du cor donnent une aubade aux invités.

Hauteur : 47 cent. — Largeur : 66 cent. — Toile.

---

4 BOILLY (Louis)

École française — 1761-1845

L'heureuse famille. — Le père, vêtu du costume pittoresque des volontaires de la République, est entouré de sa femme et de ses trois enfants, qui écoutent, avec un recueillement sympathique, le récit qu'il leur fait des événements qui se sont passés sous ses yeux.

Hauteur : 27 cent. — Largeur : 22 cent. — Bois.

---

5 BOILLY (Louis)

Portrait du général Duroc. — L'artiste a très-bien rendu, dans l'expression de la physionomie du général, la volonté et le calme qui étaient ses qualités distinctives.

Hauteur : 21 cent. — Largeur : 16 cent. — Toile.

6 BOILLY (Attribué)

Portrait d'un personnage de l'époque Louis XV.

Hauteur : 17 cent. — Largeur : 13 cent. — Carton.

---

7 BONNINGTON (Richard)

École française — 1801-1828

Vue de Venise. Un canal, bordé à gauche d'habitations luxueuses, traverse toute la composition dans sa profondeur. A droite, un quai, également bordé de maisons ; au milieu la vue est coupée par un pont qui relie les deux parties d'une habitation et plus loin par un autre pont (pont des Soupirs) qui relie une rue à une place de la ville.

Des gondoles et des embarcations sillonnent le canal. Un grand nombre de personnages, diversement groupés, animent cette charmante composition qui rappelle, par son faire et son coloris vigoureux, les belles œuvres de Canaletti.

Hauteur : 33 cent. — Largeur : 38 cent. — Toile.

Cabinet Br. B.

---

8 BOUCHER (François)

École française — 1704-1770

Composition allégorique comprenant un grand nombre de personnages symboliques et de génies, et représentant la paix ramenée et affermie en Espagne sous l'égide de la France lorsque la victoire de Vendôme à Villa Viciosa en 1710 et ensuite la paix d'Utrecht en 1713 eurent définitivement fait reconnaître Philippe V comme roi d'Espagne.

Hauteur : 60 cent. — Largeur : 42 cent. — Toile.

Peinture en camaïeu. — Cabinet Br. B.

9 BOUCHER (François)

Comme toutes ses compagnes, la belle Europe, sollicitée par le traître Cupidon, se risque, à son tour, à se laisser porter en mer sur la vache Io qui se couche pour lui faciliter l'exécution de son désir. La physionomie de la nymphe montre qu'il reste encore chez elle de l'appréhension, que le regard doux et soumis de sa monture dissipe.

Ce charmant tableau, dont la signature est vraie, nous semble incontestablement de Boucher; mais des restaurations maladroites, rendues nécessaires, par un nettoyage plus maladroit encore, lui ont ôté cette transparence vaporeuse, cette gracilité des tons qui font le grand charme des œuvres de Boucher.

Gravé par Cl. Duflos.

Hauteur : 62 cent. — Largeur : 80 cent. — Toile ovale.

---

10 BOUT (Pierre) et BOUDEWYNS

École flamande — XVIIe *siècle*

Site boisé avec terrain sablonneux. A l'arrière-plan, un étan. Sur un chemin, on voit une charrette de maraîcher et quelques villageois.

Jolie production : les feuilles des arbres sont détaillées avec finesse.

Hauteur : 33 cent. — Largeur : 44 cent. — Toile.

---

11 BRAMER (Léonard)

École hollandaise — XVIIe *siècle*

Sur une grande place publique remplie d'une foule de populaire, Assuérus, assis sur un trône improvisé et entouré des Docteurs de la Loi, s'apprête à juger Mardochée, accusé de rébellion, et pour lequel le bûcher est allumé à gauche de la composition, quand Esther vient se prosterner devant le tribunal du roi et détourne sa colère sur le véritable coupable.

Hauteur : 60 cent. — Largeur : 82 cent. — Bois.

12 BREUGHEL (Pierre)

École flamande — ....-1569

Fête de gueux. — Un grand nombre de gens du peuple estropiés, etc., sont réunis devant une auberge de village ; les uns assis à une table et mangeant, d'autres dansant en rond aux accords d'un ménétrier, d'autres enfin se disputant. A gauche, fond de paysage.

Hauteur : 49 cent. — Largeur : 65 cent. — Bois.

---

13 BRIL

École flamande — 1556-1626

Site étendu et accidenté traversé dans sa profondeur par une rivière naissante qui retombe en cascade formant, au premier plan, une large mare dans laquelle se baignent Diane et ses nymphes. A l'arrière-plan, la silhouette d'une ville importante dont on voit se profiler quelques monuments.

Les figures sont d'Abraham Kuylenburg.

Diamètre : 30 cent. — Rond toile.

---

14 DECAMPS ? 1843

École française — XIXe *siècle*

Deux singes, l'un se regardant complaisamment dans un miroir, l'autre essayant de lire dans un grand in-folio qu'il vient d'ouvrir ; derrière ce dernier, un tambour de basque.

Hauteur : 32 cent — Largeur : 36 cent. — Toile.

15 DE CORT (Henri)

École flamande — 1712-1810

Pêcheurs jetant leurs filets dans un canal.

Hauteur : 26 cent. — Largeur : 33 cent. — Toile.

---

16 DELAAR (Pierre)

École hollandaise — 1613-1674

A droite, un valet sort avec un cheval d'une écurie devant la porte de laquelle un valet accouple des chiens de chasse. A gauche, un cavalier en selle tient en laisse un chien de chasse qui refuse d'avancer.

Cabinet Lebrun. — Gravé par Chatelain.

Hauteur : 31 cent. — Largeur : 43 cent. — Cuivre.

---

17 DIETRICY

École allemande — XVIIIe *siècle*

Site d'Italie avec ruines importantes auprès desquelles sont quelques figures et des animaux.

Hauteur : 62 cent. — Largeur : 70 cent. — Toile.

---

18 DROOGSLOOT (J.-C.)

École hollandaise — XVIIe *siècle*

Le dimanche au village. — Plusieurs habitations et l'église d'un village longent la principale route. Un grand nombre d'habitants, villageois et villageoises, circulent sur cette route en tous sens. A l'avant-plan, à droite, plusieurs couples sont attablés devant une auberge et fêtent joyeusement le jour du repos dominical.

Hauteur : 50 cent. — Largeur : 73 cent. — Bois.

Cabinet Br. B.

---

19 DUCORRON D'ATH

École flamande — 1770-1848

Site montagneux des Ardennes. — A gauche, les bâtiments d'un moulin à eau dont la roue est au repos ; l'eau du bief se déverse en cascade à côté du moulin. Sur un monticule, à droite, une vache.

Hauteur : 34 cent. — Largeur : 28 cent. — Bois

---

20 DUVIEUX (Henri)

École française — XIXe siècle

Une caravane en Afrique à l'entrée d'une ville.

Hauteur : 23 cent. — Largeur : 17 cent. — Bois.

---

21 FERG (François de Paula)

École allemande — 1689-1740

Vue d'un port d'Orient à l'entrée d'une ville. — Un large fleuve traverse toute la composition à l'arrière-plan. Sur les quais, qui occupent tout le devant du tableau, sont pittoresquement disposés, en différents groupes, près de cent personnages : armateurs, marchands, muletiers, curieux, ouvriers diversement occupés. La porte d'entrée de la ville est une grande tour carrée.

Cette charmante composition, d'une exécution spirituelle pleine de brio, est d'une conservation exceptionnelle.

Hauteur : 29 cent. — Largeur : 41 cent. — Cuivre.

---

22 GIRARD (Mlle)

École française — XIXe *siècle*

Jeune dame assise devant sa toilette; près d'elle, un épagneul aboyant.

Hauteur : 26 cent. — Largeur : 21 cent. — Bois.

---

23 HACKAERT et Van BERGEN

École hollandaise — XVIIe *siècle*

Paysage accidenté traversé par une route sur laquelle sont arrêtés des animaux et des bergers.

Hauteur : 60 cent. — Largeur : 72 cent. — Toile.

---

24 HALS (Dirck)

École flamande — 1589-1656

Joyeuse réunion un jour de fête dans un cabaret hollandais. Plusieurs jeunes gens, vêtus de riches costumes, les uns assis, les autres debout, lèvent leurs brocs et leurs gobelets en chantant gaiement une ronde à boire.

Très-joli spécimen du maître.

Hauteur : 42 cent. — Largeur : 28 cent. — Bois.

25 HEEMSKERK (SÉBASTIEN)

École hollandaise — XVIIe *siècle*

Cinq paysans sont réunis dans un cabaret : quatre assis, le dernier debout, à l'arrière-plan. L'un verse de la bière d'un broc dans son verre, un autre lui présente à remplir un vase de nuit, ce qui fait rire tous les autres.

Cabinet Desfriches avec notes de sa main et signé de lui 1768. — Cabinet Dumont, de Cambrai. Monogramme du maître S I-K

Hauteur : 17 cent. — Largeur : 23 cent. — Bois.

---

26 HEEMSKERK (SÉBASTIEN)

Six personnages réunis dans une tabagie. Un vieux paysan conte fleurette à une jeune paysanne qui tient un verre à la main et l'écoute : trois paysans assis à la même table causent entre eux. Au fond, un paysan se soulageant de ses copieuses libations.

Cabinet Desfriches avec note de sa main et signé de lui 1768.—Cabinet Dumont, de Cambrai.

Ces deux petites œuvres, d'un maître très-rare, sont de la plus belle qualité et d'une conservation parfaite ; elles peuvent être mises en parallèle avec les plus beaux Molenaer connus.

Hauteur : 17 cent. — Largeur : 23 cent. — Bois.

---

27 LEDOUX (Mlle)

École française — XVIIIe *siècle*

Portrait en buste d'une jolie petite fille à la figure souriante encadrée de cheveux blonds bouclés, relevés en bandeaux et liés derrière la tête ; elle porte une robe brune et un ample fichu en mousseline entr'ouvert.

Hauteur : 43 cent. — Largeur : 35 cent. — TOILE OVALE.

28 MICHAU (Théobald)

École flamande — 1676-1755

BOUDEWYNS (A.-F.)

École flamande — 1644-1700

Devant une habitation seigneuriale, quelques villageois et villageoises se livrent au plaisir de la danse au moment où arrive une voiture attelée de six forts chevaux. A gauche, quelques animaux gardés par un pâtre.

Jolie composition, d'une belle conservation.

Hauteur : 28 cent. — Largeur : 40 cent. — Bois.

---

29 MICHAU (Théobald) et BOUDEWYNS

Des constructions importantes s'élèvent à gauche sur les quais d'un large fleuve. Un grand nombre de promeneurs, d'ouvriers, de mendiants et d'autres personnages circulent en tous sens sur les quais. Sur le fleuve, des navires de haut bord et quelques barques.

Ces deux charmants tableaux proviennent de la collection de M. Imbert de la Phalecque, de Douai.

Hauteur : 28 cent. — Largeur : 40 cent. — Bois.

---

30 MICHAU (Théobald)

École flamande — 1676-1755

Paysage légèrement boisé. — Un grand nombre de personnages se trouvent accidentellement réunis au premier plan ; un voiturier conduisant des tonneaux, un paysan revenant du marché avec sa charrette, un jeune garçon gardant trois vaches et un petit gamin chassant devant lui trois porcs. Dans le fond, un berger garde un troupeau de moutons.

Hauteur : 31 cent. — Largeur : 39 cent. — Bois.

31 MIGNARD (Pierre)

École française — 1610-1695

Portrait de Marie-Adelaïde, duchesse de Bourgogne, représentée en Vénus couchée sur un lit de repos, au milieu d'un paysage; Cupidon la menace d'une flèche.

Hauteur : 53 cent. — Largeur : 64 cent. — Toile.

---

32 MINDERHOUT (Henri)

École hollandaise — 1632-1696

Entrée d'un grand fleuve de Hollande : une ville importante s'élève à l'entrée. Trois frégates armées, dont une très-importante, naviguent vers le fond dans la direction de l'entrée du fleuve. Çà et là, au loin, quelques embarcations.

Coloris brillant, touche large et grasse ; manière de Bakhuysen.

Hauteur : 46 cent. — Largeur : 61 cent. — Bois.

---

33 NAVEZ (F.-J.) 1856

École flamande — 1785-1867

La Vierge debout près d'un appui en pierre, où l'enfant Jésus est assis sur un coussin.

Hauteur : 29 cent. — Largeur : 25 cent. — Bois.

Cabinet Br. B.

---

34 OMMEGANCK (B.-P.) 1788

École flamande — 1755-1826

Dans une prairie légèrement accidentée, au bord d'une eau stagnante, un pâtre garde son petit troupeau composé de huit brebis et un bouc. Le soleil couchant éclaire vivement les animaux et le paysage.

Hauteur : 40 cent. — Largeur : 56 cent. — Bois.

Cabinet Br. B.

---

35 OUVRIÉ (Justin)

École française — XIXe *siècle*

Vue d'une ville importante du midi de la France baignée par un large fleuve sur lequel voguent quelques barques.

Belle étude terminée, d'un effet très-vrai.

Hauteur : 44 cent. — Largeur : 50 cent. — Toile.

---

36 PATER (Jean-Baptiste)

École française — 1696-1736

Le Baiser au porteur. — Pour calmer l'ire de Jeannot, qui le surprend serrant son épousée de trop près, le marquis lui a donné un bon au porteur pour un baiser à prendre à sa future s'il venait à se marier. L'artiste représente le paiement du billet sans protêt par la marquise et la mine déconfite de Jeannot qui, devant la beauté de la marquise, regrette que le marquis n'ait pas été plus loin que le baiser le jour de ses épousailles.

Au fond, un couple dans un berceau ; à droite, une dame sur un perron.

Hauteur : 33 cent. — Largeur : 36 cent. — Bois.

---

37 PEETERS (Bonaventure)

École flamande — 1614-1652

Sur une mer, légèrement houleuse, naviguent en tous sens des navires de haut bord et des chaloupes. Deux de ces dernières se trouvent au premier plan, l'une à gauche et l'autre à droite de la composition; elles sont montées par des matelots occupés à la manœuvre.

Les navires et les personnages sont rendus avec beaucoup de finesse, avec ce flou charmant qui fait la supériorité des écoles anciennes. — Au milieu, une troupe de marsouins. Ciel légèrement nuageux.

Hauteur : 45 cent. — Largeur : 70 cent. — Bois.

---

38 POURBUS (François)

École flamande — 1570-1622

Portrait en buste du prince Maurice de Nassau, capitaine-général des Provinces-Unies de la Hollande.

Hauteur : 23 cent. — Largeur : 17 cent. — Bois.

---

39 POUSSIN (Nicolas)

École française — 1594-1665

Triomphe de Bacchus. — Bacchus, monté sur un tigre, est couronné de pampres et tient de la main gauche une branche de vigne (thyrse); il est entouré d'une foule de nymphes, de bacchantes et d'égipans chantant.

Étude finie, enlevée avec beaucoup de brio.

Hauteur : 24 cent. — Largeur : 31 cent. — Toile.

---

40 QUERFURT (A.)

École allemande — 1696-1761

Quelques personnages sont arrêtés devant une auberge de village. Un roulier donne à manger à ses deux chevaux et cause avec le maître de l'établissement. A droite, un chasseur, à cheval, tient un faucon sur le poing. Il est accompagné d'un valet et de plusieurs chiens.

Hauteur : 35 cent. — Largeur : 44 cent. — Toile.

---

41 QUERFURT (A.)

Devant le perron d'un château, un carrosse, attelé de deux chevaux, attend la dame pour faire une promenade. Quelques chevaux sellés vont servir de monture aux cavaliers qui accompagnent la dame. Dans le fond, quelques cavaliers ont pris les devants.

Hauteur : 35 cent. — Largeur : 47 cent. — Toile.

---

42 RAOUX (Jean)

Ecole française — 1677-1734

Portrait en buste de la duchesse de Bourgogne. Elle est vue de trois quarts, à gauche, la figure de face ; les cheveux poudrés, de la main droite tenant une boucle ; robe de velours bleu broché d'or.

Hauteur : 79 cent. — Largeur : 63 cent. — Toile.

---

43 RAOUX (Jean) 1710

Ecole française — 1677-1734

Portrait d'un jeune gentilhomme âgé de vingt-deux ans, coiffé d'une perruque poudrée et revêtu d'une armure.

Initiales du personnage N. D.

Hauteur : 39 cent. — Largeur : 32 cent. — Cuivre bombé ovale, cadre sculpté.

Cabinet Br. B.

44 RAOUX (Jean) 1710

Portrait d'une jeune dame âgée de vingt-quatre ans. Elle a les cheveux relevés et poudrés, et porte une robe de soie violette et un manteau de soie verte.

Initiales du personnage A R T S.

Hauteur : 39 cent. — Largeur : 32 cent. — Cuivre bombé ovale, cadre sculpté.

Cabinet Br. B.

---

45 RAVESTEIN ?

Ecole hollandaise — XVIIe *siècle*

Portrait en buste d'un seigneur hollandais d'environ soixante ans. Expression de figure dure et énergique ; moustaches et barbiche blanches ; la tête presque chauve, les favoris courts ; il porte une collerette empesée à petits tuyautages et un vêtement noir.

Hauteur : 72 cent. — Largeur : 59 cent. — Bois.

---

46 RIGAUD ?

Ecole française — 1659-1743

Portrait en buste d'un seigneur de la cour de Louis XIV, portant une longue perruque bouclée. Il est vêtu d'un riche costume de cour : habit de soie blanche brochée d'or, large jabot de dentelle, grand manteau en velours rouge, négligemment jeté sur une épaule.

Hauteur : 79 cent. — Largeur : 64 cent. — Toile.

---

47 ROOS, de Francfort

Ecole allemande — XVIIe *siècle*

Des vaches, une chèvre, un bélier et des moutons au pâturage près d'un massif d'arbres peu élevés.

Hauteur : 36 cent. — Largeur : 47 cent. — Toile.

48 **RUISDAEL (J.)**

École hollandaise — 1625-1681

Site boisé traversé par une route bordée d'arbres élevés. Le jour à son déclin laisse dans une pénombre harmonieuse les cimes touffues des grands arbres qui se détachent sur le ciel assombri, éclairé seulement par les reflets du soleil couchant. Quelques personnages sur la route.

Hauteur : 30 cent. — Largeur : 30 cent. — Bois.

---

49 **SANTERRE (Jean-Baptiste)**

École française — 1650-1717

Un ennemi intime. — Portrait en buste d'une jeune fille aux cheveux bruns relevés et coiffée d'une toque à grande plume ; elle vient d'entr'ouvrir sa robe et sa chemise dans les plis de laquelle elle poursuit un indiscret par trop admirateur sensible de ses appas.

Hauteur : 79 cent. — Largeur : 63 cent. — Toile.

---

50 **SAVERY (Roland)**

École flamande — 1576-1639

Paysage accidenté et boisé traversé par un petit torrent qui se brise sur des quartiers de rochers. A gauche et à droite, plusieurs cerfs et biches, un vautour, quelques autres oiseaux, puis, tout à fait à droite, un bœuf.

Hauteur : 59 cent. — Largeur : 63 cent. — Bois.

---

51 **SCHALKEN (Godefroid)**

École hollandaise — 1643-1706

Quelques enfants, dont l'un porte une étoile lumineuse, sont arrêtés, le soir, devant une habitation chantant des cantiques de Noël.

Hauteur : 21 cent. — Largeur : 30 cent. — Bois. — Cadre sculpté.

---

52 SWALM (L.)

Ecole hollandaise — XVIIe siècle

Quatre frégates, naviguant de conserve, sont à l'ancre à l'embouchure d'un grand fleuve bordé de hautes montagnes ; elles font la pêche aux baleines que poursuivent des marins dans de petites embarcations.

Au premier plan, sur la grève, un grand nombre de personnages, pêcheurs et autres ; plusieurs aussi dans des embarcations qui sont à côté.

Hauteur : 45 cent. — Largeur : 71 cent. — Bois.

---

53 SWANEVELD (Herman)

Ecole hollandaise — XVIIe siècle

Paysage montagneux d'Italie, traversé par une rivière. Sur une route, qui suit le bord de la rivière, on voit quelques personnages. La vive lumière du soleil couchant éclaire le site et ajoute à son aspect pittoresque.

Hauteur : 54 cent. — Largeur : 64 cent. — Toile.

---

54 TAUNAY (Nicolas)

Ecole française — 1755-1830

Amusements à la campagne. — Sur une terrasse d'un château, plusieurs personnages, pittoresquement groupés, à droite, s'amusent de voir les tours et les danses que font exécuter deux saltimbanques à deux chiens et à un singe aux sons du flageolet et du tambour.

Finement et spirituellement traité dans la manière de Boilly, auquel ce tableau était attribué.

Hauteur : 34 cent. — Largeur : 24 cent. — Bois.

55 TENIERS (David), *le Vieux*

Ecole flamande — 1582-1649

Paysage montagneux et légèrement boisé traversé dans sa largeur par un petit chemin qui aboutit à l'avant-plan, à gauche, où l'on voit cinq paysans, dont trois au bord du chemin sont en conversation; près d'eux, un chien ; à droite et dans le fond, d'autres personnages.

Hauteur : 74 cent. — Largeur : 103 cent. — Cuivre. — Cadre sculpté.

Cabinet Br. B.

---

56 TENIERS (David), *le Jeune*

Ecole flamande — 1610-1690

Tabagie. — Devant une grande cheminée à manteau, auprès d'une petite table rustique, sont réunis trois paysans flamands : l'un d'eux, assis et fumant sa pipe, les deux autres debout. Le soleil éclaire vivement ce groupe pittoresque ; quelques ustensiles de ménage, un broc et divers accessoires complètent cette charmante composition du maître.

Hauteur : 22 cent. — Largeur : 16 cent. — Cuivre.

---

57 Van ABSHOVEN (Ferdinand)

Ecole flamande — XVIIe *siècle*

Quelques personnages sont réunis dans un intérieur rustique. On remarque surtout une femme, assise, filant au rouet, un mangeur de moules à qui la maîtresse de céans présente à boire ; une femme en haut d'un escalier dessous lequel se trouve un cavalier, puis quelques autres personnages et un chien.

Hauteur : 50 cent. — Largeur : 57 cent. — Toile.

Cabinet Br. B.

58 Van ABSHOVEN (Ferdinand)

Dans une auberge de village sont réunis quelques personnages : une femme nettoyant des légumes, un paysan assis à qui le maître du logis apporte à boire, une servante, debout, près de l'âtre, une autre servante apportant un fagot pour allumer le feu. Çà et là un grand nombre d'accessoires et d'ustensiles de cuisine.

Hauteur : 50 cent. — Largeur : 57 cent. — Toile.

Cabinet Br. B.

---

59 Van der MEIREN (Jean-Baptiste)

Ecole flamande — XVIIIe *siècle*

La Marée. — Quelques navires de haut bord indiquent un port important de la Méditerranée. A gauche s'élève un bâtiment monumental avec perron et balcon ; sur le large quai, qui forme l'avant-plan, un grand nombre de personnages : matelots, marchands et ménagères offrent et marchandent les nombreux poissons qui viennent d'arriver et qui sont étalés par terre.

Hauteur : 40 cent. — Largeur : 54 cent. — Toile

---

60 Van der MEIREN (Jean-Baptiste)

Quai d'un port de la Méditerranée. — Un grand nombre de personnages, cavaliers, charretiers, chevrier, marchands et promeneurs circulent en tous sens et donnent à ce site pittoresque une grande animation.

Ces deux charmantes œuvres de l'artiste sont d'un coloris brillant et très spirituellement touchées ; les attitudes vraies des personnages dénotent un pinceau habile et plein de verve.

Hauteur : 40 cent. — Largeur : 54 cent. — Toile.

61 Van der POEL (Egbert)

Ecole hollandaise — XVIIe siècle

Une femme et un jeune garçon sont arrêtés le soir devant l'étal d'une marchande de poisson qui leur offre sa marchandise ; une lanterne éclaire vaguement la scène ; on aperçoit la silhouette des maisons voisines dans l'ombre.

Hauteur : 24 cent. — Largeur : 32 cent. — Bois.

---

62 Van GOYEN (Jean) 1651

Ecole hollandaise — 1596-1666

Vue d'un canal baignant tout l'avant-plan d'un site hollandais et au-delà duquel on voit toutes les habitations d'un village et son clocher.

Des chaloupes et d'autres embarcations sillonnent le canal.

Hauteur : 32 cent. — Largeur : 46 cent. — Bois.

---

63 Van HUYSUM (Jean) 1722

Ecole hollandaise — 1682-1749

Sur un mur d'appui en marbre sont posés un nid d'oiseaux, deux pêches, des grappes de raisins blanc et noir, des prunes et un melon, près d'un vase à bas-relief contenant un bouquet de fleurs variées, rendues avec beaucoup de finesse et de naturel ; il se compose de roses thé, roses rouges et blanches, iris, pavots, tulipes, narcisses, aconits, jacinthes, quelques liserons et d'autres fleurs. Çà et là des papillons et une abeille butinant une rose.

Hauteur : 79 cent. — Largeur : 58 cent. — Bois.

64 VAN KESSEL (FERDINAND)

Ecole flamande — 1618-1696

Paysage légèrement boisé occupé par différentes métairies à l'arrière-plan et traversé, à l'avant-plan, par un cours d'eau au bord duquel on voit un pêcheur. Quelques arbres élevés occupent la gauche, le ciel est nuageux et intercepte les rayons du soleil.

Très-belle œuvre du maître portant une fausse signature d'Hobbema, son contemporain, auquel la plupart de ses productions ont été attribuées.

Hauteur : 87 cent — Largeur : 77 cent. — TOILE.

Cabinet Br. B.

---

65 VAN KESSEL (J.)

Ecole flamande — 1629-1679

Paon, canards, poules d'eau et grue au bord d'un étang.

Hauteur : 16 cent. — Largeur : 21 cent. — BOIS.

---

66 VAN NIEULANT (GUILLAUME)

Ecole flamande — 1581-1635

Vue perspective du Tibre, près de Rome, traversant le site dans toute sa profondeur. A gauche et à droite du fleuve s'élèvent un grand nombre d'habitations. Beaucoup d'embarcations de pêcheurs sont amarrées près des deux rives. Çà et là plusieurs personnages finement traités dans la manière de J. Breughel.

Hauteur : 42 cent. — Largeur : 92 cent. — BOIS.

---

67 VAN OS (G.-J.-J.)

Ecole hollandaise — 1782-1861

Sur un appui en marbre se trouvent réunis, dans un désordre pittoresque, des fleurs, des fruits et du gibier. La plus grande partie des fruits, pêches, raisins, ananas, noisettes, tomates, sont dans une corbeille en osier supportant un bouquet de dahlias.

A côté de la corbeille, sur l'appui, on voit des figues, une pêche ouverte et des prunes variées ; au-dessus de ce groupe, une perdrix morte est accrochée par la patte.

Hauteur : 68 cent. — Largeur : 53 cent. — Bois.

Cabinet Br. B.

---

68 VAN OSTADE ? (ISAAC)

Ecole hollandaise — XVIIe *siècle*

Devant une auberge de village sont arrêtés quelques voyageurs. Deux cavaliers sont restés en selle, un troisième est descendu de son cheval blanc. La vue est coupée par quelques habitations et par le clocher du village que l'on voit dans le fond. Des personnages, des coqs et des poules ajoutent à l'animation du sujet.

Hauteur : 76 cent. — Largeur : 96 cent. — Bois.

Cabinet Br. B.

---

69 VAN UDEN (LUCAS)

Ecole flamande — 1595-1673

Vaste étendue de pays traversé par de larges cours d'eau. Sur le devant, plusieurs personnages, des chèvres et des moutons. Un pont en ruines traverse la rivière au centre.

Hauteur : 60 cent. — Largeur : 82 cent. — TOILE.

---

70 VERNET (CLAUDE-JOSEPH) 1762

Ecole française — 1714-1789

Un navire vient de faire naufrage en vue de côtes rocheuses. Deux hommes ont jeté une corde à un naufragé flottant sur une épave et l'attirent vers la plage. Ciel nuageux.

Hauteur : 18 cent. — Largeur : 28 cent. — Bois.

71 WATTEAU (J.-ANTOINE)

École française — 1684-1721

Pastorale. — Dans une clairière, au milieu d'un parc boisé, sont réunis quatorze personnages.

A gauche, un groupe de trois musiciens dont les accords donnent la cadence à un couple dansant une pavane au centre de la composition. Les autres personnages, assis à terre ou debout, se sont rangés, à droite, pour admirer les prouesses du couple dansant.

Jolie composition, d'une touche large et spirituelle et d'une exécution soignée.

Hauteur : 30 cent. — Largeur : 42 cent. — TOILE.

Provient de la collection de feu M. Dufresne, de Cambrai.

---

72 INCONNU

Grand paysage boisé se terminant à la mer Adriatique qui forme le fond.

D'après Harpignies.

Hauteur : 86 cent. — Largeur : 114 cent. — TOILE.

---

73 INCONNU

Paysage et bestiaux.

Hauteur : 26 cent. — Largeur : 34 cent. — BOIS.

---

74 INCONNU

Portrait de jeune femme tenant une corbeille de fleurs.

Hauteur . 98 cent. — Largeur : 71 cent. — TOILE.

---

75 INCONNU

Portrait d'un jeune gentilhomme.

Hauteur : 62 cent. — Largeur : 51 cent. — TOILE.

PORCELAINES

JAPON

1-3 — Trois Assiettes variées, décor bleu de rinceaux et fleurs.

4 — Assiette, décor bleu et or de branches fleuries.

5 — Deux Assiettes, décor de rinceaux bleus, cercle polychrome autour du champ.

6 — Deux Assiettes, décor polychrome, branches fleuries sortant d'un rocher.

7 — Assiette, décor polychrome, fleurs et fruits.

8 — Plat, décor bleu de bambous, fleurs et vases.
D. 35 c.

9 — Plat, décor polychrome, paysage, fleurs, clôtures.
D. 31 c.

10 — Grand Plat, décor polychrome, fleurs dans un grand vase, rinceaux et fleurs sur le marli. D. 47 c.

11 — Grande Cafetière à trois pieds, décor polychrome, médaillons et paons.

12 — Deux Cornets à couvercles, décor bleu au grand feu. H. 33 c.

CHINE

13 — Petit Compotier et Soutasse.

14 — Plat à poissons avec le Plateau à jours, décor de guirlandes polychromes. D. 44 c

15 — Soupière sur plat, même décor.

16 — Deux Plats, même décor. D. 31 c.

17 — Deux Plats, même décor. D. 29 c.

18 — Six petits Compotiers, même décor.

19 — Assiette à riche décor rose et vert, branches fleuries et papillons.

20 — Trois Assiettes, le marli à lambrequins d'émaux mosaïques polychromes ; dans le champ, cerf, biche et branches fleuries en noir et or.

21 — Deux Assiettes, décor d'émaux polychromes ; dans le champ, un faisan et des branches d'œillets.

22 — Assiette à riche bordure polychrome, branches d'œillets dans le champ.

23 — Assiettes à branches fleuries polychromes.

24 — Deux Assiettes même genre, fleurs et grues.

25 — Deux Assiettes à décor rayonnant de rinceaux et fleurs en vert, rouge et or.

26 — Assiette à riche décor vert et rouge à compartiments ; au centre, branches et enfants chinois alternant ; sur le marli, mosaïque quadrillée à réserves.

27 — Deux Assiettes réchauds ; au centre, une armoirie polychrome de commande : *Fidus et Audax.*

28 — Deux Assiettes de commande, décor encre de chine et or ; le marli à paysages, arabesques quadrillages ; dans le champ, deux chiffres surmontés d'une couronne de comte.

29 — Très-beau Plat, famille verte ; dans le champ, grande corbeille remplie de fleurs polychromes. D. 36 c.

30 — Plat à riche marli polychrome ; dans le champ, des branches d'œillets et des écureuils. D. 37 c.

31 — Bol coquille d'œuf, médaillons à mandarins.

32-34 — Quatre Tasses à décors variés.

35 — Quatre Tasses, décor de commande, encre de chine et or, à deux chiffres surmontés d'une couronne.

36 — Tasse à deux anses et dessous à quadrillages bleus, réserves à bouquets.

37 — Potiche couverte et deux cornets, riche décor, bordures lambrequins bleu et blanc ; décor

circulaire encre de chine et or, paysages et canards. H. 29 c.

38 — Potiche, décor polychrome à mandarins.

39 — Petite Potiche, fond d'arabesques, meubles dans des médaillons.

40 — Potiche à décor de commande, grande armoirie sur les deux faces. H. 25 c.

41 — Soupière à bordure verte mosaïque, décor de meubles et branches polychromes et or.

42 — Soupière à décor polychrome, grues, canards et branches fleuries.

43 — Théière en forme de carpe, décor polychrome.

44 — Deux Perroquets perchés sur des rochers, décor au naturel.

45 — Dieu chinois accroupi.

VIEUX TOURNAI, PATE TENDRE

46 — Cinq Assiettes, décor bleu varié.

47 — Neuf Assiettes à bords dentelés, décor chine bleu, branches fleuries.

48 — Quatre Assiettes, même décor.

49 — Douze Assiettes, décor bleu à petites guirlandes.

50 — Assiette à bords cannelés et vannerie, décor chine de branches fleuries en camaïeu violet.

51 — Assiette même forme, décor de bouquets polychromes.

52 — Assiette à médaillon, bouquet polychrome dans un médaillon or suspendu par un nœud rose.

53 — Deux Assiettes à médaillon, gerbe d'or sur fond bleu de roi.

54 — Tasse et sa Soucoupe, fond bois avec réserves de paysages à l'encre de chine par Chedel figurant des gravures fixées par quatre pains à cacheter. — *Très-rare.*

55 — Groupe en blanc : deux enfants jouant avec des raisins et des fruits.

56-57 — Deux Figurines : le Moissonneur et le Vigneron.

58-59 — Deux Cafetières à bouquets polychromes.

60 — Deux Tasses à bouquets bleu et or.

61 — Couteau à manche, décor bleu.

62 — Service à thé entièrement cannelé, décor chine de branches fleuries en bleu. Il comprend : Théière, Pot à lait, Sucrier, Bol sur plateau, six Tasses à anses et Soucoupes et quatre Plats.

63 — Service à café à décor bleu de tous les différents oiseaux des colonies françaises. Il comprend : Cafetière, Pot à lait, Assiette et six Tasses litrons avec Soucoupes.

64 — Deux Glacières à décor bleu.

65 — Deux Cache-Pots cannelés, à bordure dorée.

66 — Assiette à bords cannelés et vannerie, décor bleu.

67 — Six Assiettes plates à large bordure cannelée et vannerie, décor de bouquets polychromes.

68 — Six Assiettes creuses, même décor.

69 — Saladier, même décor.

SÈVRES

70-72 — Neuf Assiettes variées avec le chiffre de Louis-Philippe et de Napoléon III en or.

73 — Camée en biscuit représentant un buste d'homme.

74 — Buste de l'impératrice Marie-Louise. sur socle.

75 — Plateau Louis-Philippe, bordure bleue; amour et guirlandes dans le champ.

76 — Théière et Sucrier fond jaune d'œuf, frise circulaire à lambrequins, avec sujets chinois polychromes.

VALENCIENNES

77 — Pot à lait à ornements dorés, grand médaillon finement peint à l'encre de chine; paysage et personnages.

78 — Tasse à la reine et Soucoupe à ornements dorés et à six médaillons à l'encre de chine représentant des vues maritimes.

79 — Assiette à semis de fleurs polychromes.

80-81 — Deux Assiettes, décor aux barbaux.

PORCELAINES DIVERSES

82 — Sucrier et quatre Tasses litrons avec Soucoupes *Nast,* décor aux barbaux.

83 — Trois Crémiers, *Mennecy,* entièrement cannelés, décor de fleurs polychromes.

84 — Deux Pots droits à couvercles, *Mennecy,* décor de fleurs polychromes.

85 — Deux Assiettes, *Sceaux,* bords imbriqués, décor d'arabesques et fleurs polychromes.

86 — Pot de pharmacie, *Chantilly,* décor polychrome.

87 — Cafetière, *Bruxelles,* Louis Cretté, décor d'oiseaux à l'encre de chine.

88 — Assiette, *Saxe,* décor Bruxelles, paysage et marine faisant le tour du marly, encre de chine.

89 — Théière, *Amsterdam,* décor polychrome, deux vues maritimes. — Marquée Amstel.

90 — Deux petits Vases brûle-parfums, *Amsterdam,* décor polychrome d'oiseaux. — Marqués M. O. L.

91 — Sucrier sur plateau, décor polychrome très-fin de de lambrequins, rinceaux et guirlandes de fleurs encadrant des sujets pastoraux.—Marqué S. L. X.

92 — Sucrier, décor polychrome, quatre vues de villes finement exécutées.

93 — Petite Potiche à couvercle, décor polychrome d'oiseaux.

94 — Deux petites Figurines.

95 — Figurine : *Hœchst*, le Chasseur.

96 — Chocolatière, *Cronenbourg*, entièrement à imbrications, décor violet de fleurs.

BERLIN

97 — Vase brûle-parfums sur piédestal, décor de fleurs.

98 — Belle Écritoire : deux Godets et Chandelier sur plateau, décor de bouquets.

99 — Boîte à thé décorée de bouquets.

100 — Belle Tasse à anse et à couvercle, décor de bouquets ; la soucoupe à galerie intérieure pour recevoir la tasse.

101 — Plaque avec peinture : portrait de Béatrice Censi.

SAXE

102 — Très-belle Soupière sur plat, de forme oblongue, larges bordures en vannerie, riche décor de

bouquets ; anses formées de branches ; un citron coupé pour bouton de couvercle.

103 — Grand Plateau oblong, bords contournés en vannerie ; bouquets de fleurs dans le champ.

104 — Grande Figure : jardinier greffant un arbre.

105 — Deux Figures : Jupiter et Thetis.

106-109 — Quatre Figures de singes musiciens.

110 — Figurine : une Orientale.

111 — Deux petits Amours tenant des fleurs.

112 — Marchand et marchande de fleurs.

113 — Tasse octogone à anse et sa Soucoupe, fond vert, grande réserve renfermant des vues maritimes très-finement peintes. Décor imitant le chine de commande.

114 — Deux petits Vases à long col évasé ; à deux anses bucranes ; décor de bouquets.

ORFÉVRERIES, BIJOUX, CURIOSITÉS

115 — Boîte à double compartiment en agathe arborisée; garnitures en métal doré.

116 — Très-beau Bas-Relief bysantin, Vierge russe, en argent repoussé, ciselé et en partie doré.

117 — Neuf Couteaux et neuf Fourchettes Louis XV, dans un écrin.

118 — Tabatière Louis XVI, en or très-finement ciselé, frises et ornements en relief sur fond chagriné. 30 gr.

119 — Deux beaux Chandeliers Louis XVI, vieux Paris, argent repoussé et ciselé. 760 gr.

120 — Deux Chandeliers Louis XIII, argent. 648 gr.

121 — Deux Chandeliers Louis XV, argent repoussé, vieux Paris. 652 gr.

122 — Montre Louis XV, en or; double cuvette en or repoussé et ciselé avec sujet mythologique; seconde double cuvette en or et galuchat. Belle conservation.

123 — Jolie Montre Louis XVI figurant un petit panier en vannerie avec émail sur le couvercle.

124 — Montre Louis XVI, en or, la cuvette entièrement émaillée, grand sujet émaillé : les Pèlerins.

125 — Montre Louis XVI en or émaillé ; sur la cuvette, grand médaillon émaillé, sujet historique à deux personnages ; le cadran entouré d'un cercle de soixante perles fines.

126 — Montre Louis XVI en or, du même genre, le sujet de la cuvette représentant une mère et ses enfants jouant avec des lapins.

127 — Montre Louis XV en argent, la cuvette repoussée et ciselée à sujet allégorique de Cochin.

128 — Plaque de l'Ordre de Charles III d'Espagne en argent taillé en roses ; parties émaillées.
67 gr.

129 — Montre Louis XVI, en or guilloché et émaillé.

130 — Grande Salière Louis XIV, argent repoussé et ciselé. 117 gr.

131 — Boite à parfums Louis XV, argent. 48 gr.

132 — Carnet de bal Louis XV, en nacre incrustée d'or.

133 — Porte-Huilier Louis XVI, vieux Paris, argent repoussé, médaillons et guirlandes. 485 gr.

134 — Moutardier Louis XVI, vieux Paris, argent repoussé et ciselé. 248 gr.

135 — Grand Gobelet Louis XIV, vieux Paris, argent gravé à ornements et guirlandes. 182 gr.

136 — Gobelet semblable au précédent. 142 gr.

137 — Deux Salières forme corbeille à jours.

138 — Ciseaux Renaissance, argent gravé et en partie doré. 67 gr.

139 — Cassolette à odeur en forme d'encensoir.

140 — Médaillon Louis XIII, en argent, à jours. 33 gr.

141 — Médaillon à miniature entouré de strass et de pierres.

142 — Boîte en forme d'œuf, en cuivre repoussé et doré, époque Louis XIV, garnie de rubis cabochons.

143 — Figurine en fer : joueur de cornemuse.

144 — L'Amour vainqueur, figure en haut relief en cire, par Cadet de Beaupré.—Travail très-fin.

145 — Médaillon en haut relief, sujet allégorique, bois sculpté.

146 — Buste de femme, petit médaillon bas-relief en bronze florentin.

147 — Deux grands Médaillons ovales, émaux sur cuivre ; paysages avec personnages.

MINIATURES

148 — Isabey. Portrait d'un membre de la Convention nationale ; ivoire.

149 — Rousseau. Portrait du maréchal Ney.

150 — Blarenberg. Le Repas champêtre, composition de sept personnages. — Très-beau fixé.

151 — Portrait d'un personnage, époque Louis XVI ; ivoire.

152 — Portrait de dame, même époque ; ivoire.

153 — Portrait de Louise Vigée-Lebrun, miniature rehaussée de gouache ; ivoire.

154 — Portrait d'un prince de Prusse, époque de Louis XV ; ivoire.

155 — Portrait de jeune fille.

156 — Paul Bril. Saint Dominique dans un paysage ; vélin.

157 — Portrait de femme, au crayon noir.

158 — Carpeaux. Vierge et enfant Jésus ; plume et lavis.

159 — Vierge et enfant Jésus.

160 — Meyer von Bremen. La Prière du matin et la Lecture.

CRISTAUX, VERRERIES

161 — Croix en cristal de roche formée de huit pièces reliées par une monture en cuivre ciselé.

162 — Petite Bouteille avec peinture ; sujet pastoral Watteau.

163 — Deux Verres droits avec peintures Watteau du même genre.

164 — Verre en cristal finement gravé ; sujets amours, arabesques, vues de villes, etc., monté sur pied en bronze doré, deux amours qui le soutiennent.

165 — Calice en cristal gravé : sept armoiries sur un arbre généalogique.

166 — Deux Verres en cristal gravé avec armoiries princières.

167 — Deux Carafons carrés à liqueurs, époque Louis XVI, avec frises dorées.

168 — Grand Calice à couvercle en verre de Venise; les ailes et ornements de la tige et du bouton de couvercle sont filigranés et à dépressions gaufrées. H. 47 c.

169 — Verre du même genre; le calice séparé de la tige.

170 — Grande Flûte à champagne du même genre.

171 — Bouteille à fleurs, le sommet du goulot en tricorne.

172 — Verre ovoïde à pied.

173 — Coupe sur pied à ailerons.

174 — Bol à anse, verre filigrané.

175 — Verre à anse et à couvercle.

176 — Cornet de chasse en verre bleu, la cordelière en verre laiteux.

177 — Deux Porte-Bouquets, cristal gravé.

178 — Bouteille sur pied en cristal.

FAÏENCES

—

DELFT

179 — Plat à bords godronnés, décor bleu.

180 — Petit Plat, même genre.

181 — Deux Plats, décor rayonnant rouge et jaune.

182 — Grand Plat à décor bleu.

183 — Deux Beurriers, décor bleu.

184 — Potiche à décor bleu.

185 — Trois Plats, décor rayonnant bleu au grand feu.

186 — Deux Plats, décor polychrome à compartiments, corbeilles de fleurs.

187 — Deux grands Plats, riche décor polychrome cachemire sur le marli ; au centre, vase de fleurs sur console.

188 — Garniture de cinq Potiches, décor général bleu ; réserves renfermant des paysages polychromes.

189 — Deux grandes Bouteilles, décor bleu chinois.

190 — Grande Potiche, décor du même genre.

191 — Bouteille à renflement au col, décor chinois.

192 — Deux Potiches octogones entièrement cannelées, décor bleu ; paysages et bouquets dans des réserves.

193 — Garniture de cinq Potiches de forme rocaille aplatie, décor polychrome.

194 — Potiche à décor bleu, branches fleuries et oiseaux.

SAINT-AMAND

195-203 — Quinze Assiettes à décors polychrome et bleu variés.

204 — Grand Plat, décor polychrome, fleurs, ornements rocher et saule.

205 — Deux Plats, décor bleu, oiseaux sur des branches.

206 — Plat, décor Saxe, guirlandes de feuillages.

207 — Plat, décor polychrome aux barbaux.

208 — Plat, décoré de fleurs.

209 — Plat long à décor rouge de fleurs.

210 — Plat ovale, décor polychrome.

211-214 — Six Assiettes, décor varié.

215 — Assiette à décor très-fin, bordure dentelée ourlée de bleu, groupes de fruits polychromes sur le marli ; au milieu, un oiseau sur un arbuste.

216 — Assiette du même genre ; au centre, un site maritime en camaïeu rose, encadré d'une guirlande de fruits polychromes.

217 — Écritoire, décor vert.

218 — Tulipier finement décoré de fleurs.

219-220 — Soupière et Porte-Fleurs décorés de grosses fleurs en rouge.

221 — Cafetière, décor polychrome de bouquets.

222 — Le Jardinier et la Fleuriste, deux figures en biscuit émaillé.

223 — Les deux mêmes figures, en biscuit.

LILLE

224-225 — Dix Assiettes variées, décor polychrome.

226 — Aiguière-casque et Plat, décor polychrome, fleurs et insectes.

227 — Plat octogone, décor polychrome.

FAÏENCES DIVERSES

228 — Porte-Tulipes, *Niederviller,* polychrome.

229 — Deux Assiettes, *Strasbourg,* au Coq.

230 — Assiette, *Nimi,* polychrome.

231 — Plat, *Bavay,* polychrome.

232 — Trois Assiettes, *Englefontaine,* polychrome.

233 — Vase sur pied et à anse, *Moustier,* décor bleu.

234 — Plat à barbe, *Moustier,* décor polychrome.

235 — Grand Plat, *Moustier,* bordure quadrillée, fleurs au centre.

236 — Aiguière-casque, *Moustier,* branches fleuries polychromes.

237 — Deux Plats, *Savone,* décor polychrome, divers sites et personnages sur des horizons parallèles.

238 — Pot à bière, *Marseille,* beau décor polychrome chinois.

239 — Petit Plat, *Lodi,* décor polychrome.

240 — Petite Soupière, *vieux Bruxelles,* entièrement couverte de pampres et de raisins en appliques.

241 — Potiche, *Montauban,* à deux anses buccranes; ceps de vigne et raisins appliques en guirlandes sur le corps du vase.

242 — Pot droit, *Rouen,* décor rayonnant polychrome.

243 — Sabot, *Rouen,* décor aux deux carquois.

244 — Bouteille, décor en laque appliquée.

245 — Pot de pharmacie, faïence d'*Urbino,* décor polychrome, sujets : le Paradis perdu et l'Enfant prodigue.

246 — Pot du même genre, sujet : le buste de saint Augustin.

247 — Figure, *Urbino,* Bacchus assis sur un tonneau.

248 — Carreaux de revêtement, médaillons à personnages ; fine exécution.

249-250 — Deux Plats et Assiette, *Bavay.*

251-252 — Cinq Assiettes terre de pipe, décors variés.

253 — Groupe, *Strasbourg,* Chasseur et Bergère.

254-255 — Soupière sur plat et trois Plats, *Strasbourg,* décor de fleurs rouges.

256 — Plat long, marli à jours.

257 — Potiche forme bouteille, en faïence laquée.

258 — Deux Tasses fond rose à fleurs.

259 — Groupe en biscuit : la Séduction.

CUIVRES, BRONZES, OBJETS DIVERS

---

260 — Deux grands Chandeliers en tôle émaillée, imitant l'écaille brune décorée en or et en couleurs.

261 — Brûle-Parfums en émail de Chine, à trois pieds et à deux anses.

262 — Deux Vases en émail de Chine, du même genre.

263 — Vase en émail de Chine, de forme carrée.

264 — Pendule en bronze et marbre, le mouvement porté sur deux colonnes en marbre blanc.

265 — Pendule en bronze et marbre, le mouvement porté sur deux colonnes de forme carrée garnies d'ornements et de trophées en bronze ciselé et doré.

266 — Très-jolie Pendule en bronze finement ciselé ;

figure allégorique de la Science médicale appuyée sur le mouvement.

267 — Horloge Renaissance, en cuivre gravé, forme de mouvement carré, surmontée d'une figure de guerrier.

268 — Horloge Louis XV, en cuivre.

269 — Horloge en bronze en forme de monument gothique.

270 — Deux Candélabres en bronze, figures égyptiennes, posées sur socles en formes d'obélisques et supportant une branche double.

271 — Deux Candélabres à deux lumières, en métal argenté.

272 — Deux Figurines d'enfants, en bronze finement ciselé, patine brune.

273 — Deux Figures, en bronze doré finement ciselé sur socles en marbre : l'Amour et l'Innocence.

274 — L'Amour lançant une flèche, belle Figure en bronze ciselé, patine brune.

275 — Deux grands Vases, forme Médicis, avec bas-reliefs circulaires de Clodion.

276 — Grande Lanterne flamande, en cuivre repoussé, forme carrée à coins coupés.

277 — Petite Lanterne, en cuivre repoussé, avec lentilles en verre.

278 — Bouilloire, en cuivre rouge repoussé, à deux anses, trois pieds et trois robinets.

279 — Figure de saint Roch, en bronze ciselé et doré.

280 — Pied de calice, en cuivre repoussé et doré.

281 — Buire, en cuivre repoussé.

282 — Cinq Plats, en étain, époque Louis XV.

283 — Deux Bustes, en terre cuite, par d'Osmond : Mmes Du Barry et Manon Lescault.

IVOIRES, BUIS

284 — Bel ivoire : la Madeleine repentante, agenouillée et abimée dans la douleur.

Réduction de la Madeleine de Canova de la collection Aguado.

285 — Buis, Renaissance : la Vierge portant l'enfant Jésus.

286 — Buis, Renaissance : Saint François-Xavier, apôtre des Indes.

287 — Saint Antoine à genoux. — Buis.

MEUBLES, GLACES, ETC.

288 — Grand Buffet à étagère vitrée, en chêne sculpté. Il est à deux corps se fermant chacun par deux portes. Dans la corniche du corps inférieur il y a deux tiroirs.

Hauteur : 2m,92. — Largeur : 1m,87.

289 — Très-beau Bahut Renaissance, en chêne finement sculpté. Il se ferme par quatre portes à panneaux saillants et à deux tiroirs dans le bas. Les portes sont encadrées par des colonnes cannelées surmontées de cariatides. Dans la corniche supérieure, frises sculptées.

Hauteur : 2m. — Largeur : 1m,45.

290 — Six Chaises à hauts dossiers, en bois sculpté.

291 — Belle Commode Louis XV, en marqueterie de

bois de rose et de violette ; deux grands et deux petits tiroirs, meneaux et entrées de serrures en bronze doré.

Hauteur : 85 cent. — Largeur : 1m,29.

292 — Cabinet flamand, Renaissance, entièrement en ébène, avec meneaux, entrées de serrures argentés. Il se ferme par deux vantaux et a un grand tiroir dans le dessous. Les vantaux ouverts laissent voir neuf tiroirs et une porte centrale.

Hauteur : 1m,54. — Largeur : 85 cent.

293 — Bureau Renaissance, en marqueterie de bois de rose et de violette ; sept tiroirs, meneaux et entrées de serrures en bronze ciselé.

Hauteur : 80 cent. — Largeur : 1m,15.

294 — Table Louis XVI, en chêne sculpté, sur quatre pieds tors.

Longueur : 1m,40. — Largeur : 72 cent.

295 — Glace biseautée, cadre en bois sculpté guilloché et à moulures.

Hauteur du cadre : 99 cent. — Largeur : 85 cent.

296 — Deux petites Glaces cartouches, cadres en bois sculpté et doré, glaces biseautées.

297 — Glace biseautée, avec cadre japonais très-finement sculpté à jours, et reproduisant des épisodes de la vie japonaise.

Hauteur : 40 cent. — Largeur : 43 cent.

298 — Glace biseautée dans un beau cadre Louis XIV, en bois sculpté ; grands ornements contournés.

Hauteur : 1m,16. — Largeur : 82 cent.

299 — Deux Fauteuils gothiques à hauts dossiers, en chêne sculpté.

300 — Deux Chaises du même travail.

301 — Mobilier style Louis XIII, comprenant : Bibliothèque, Bureau et six Chaises, en noyer sculpté ; les dossiers des chaises entièrement à jours. — Fabriqué par A. Jeanselme jeune, fournisseur de Napoléon III.

Bibliothèque, hauteur : 2m,75. — Largeur : 1m,39.

302 — Buffet à deux portes et à tiroir dans le haut ; fine marqueterie de bois de rose et de palissandre.

Hauteur : 1m,05 — Largeur : 1m,21.

303 — Magnifique Lit de parade, époque Renaissance italienne ; sur les trois côtés extérieurs et sur l'intérieur de la tête du lit, riches incrustations en ivoires et en nacre gravés : figures mythologiques en ivoire entourées de rinceaux, de fleurs et d'oiseaux en nacre. — Pièce très-rare et dans un état parfait de conservation.

Longueur : 2m,10. — Largeur : 1m,20.

MONNAIES

OBSERVATIONS

Toutes les Monnaies sont en argent. — Pour éviter toute contestation au sujet de la dénomination spéciale de chaque pièce, nous donnons sa description matérielle en faisant suivre successivement : le numéro d'ordre, = le millésime, = l'indication *f* si elle est à effigie, = le signe ou point secret, désignation de l'atelier monétaire, s'il est indiqué, = la légende exacte, = l'exergue, s'il y a lieu, = le module ou diamètre en millimètres, = le poids en grammes, = le nombre de pièces semblables.

Les amateurs pourront ainsi se rendre un compte exact de chaque pièce et nous nous empresserons de leur donner tout renseignement complémentaire demandé par lettre ou carte correspondance avec réponse payée.

L'Expert dirigeant la vente se charge gratuitement de tout achat en commission pour les amateurs connus.

MONNAIES EN ARGENT

FRANCE & PRINCES FRANÇAIS

1 — 15.. - f - Franciscus D G Francoru Rex - 29 - 10

2 — 15.. - f - Franciscus I D Gra Francoru Rex - 28 - 8

3 — 15.. - f - Franciscus Dei Gra Francor Rex - 25 - 6

4 — 15.. - Franciscus D Gra Francor Rex - 25 - 3

5 — 1550 - K - Henricus D G Francorum Rex - 27 - 3

6 — 1551 - A - Henricus II D G Francorum Rex - 24 - 3

7 — 1551 - T - Henricus 2 Dei Gra Francor Rex - 27 - 1 1/2

8 — 1553 - f - A - Henricus II Dei G Francor Rex - 28 - 9

9 — 1555 - f - A - Henricus II Dei G Francor Rex - 28 - 9

10 — 1556 - f - D - Henricus II D G Franc Rex - 24 - 4

11 — 1557 - Henricus 2 D G Francorum Rex - 25 - 2

12 — 1559 - f - H - Henricus Dei G Francor Rex - 28 - 9

13 — 1560 - f - Z - Henricus II Dei G Franc Rex - 28 - 9

14 — .... - Hericus (au milieu sur les deux faces) - 26 - 3

15 — 15.. - .... Rex - 24 - 3

16 — 1563 - f - Carolus VIIII D G Franco Rex - 31 - 9

17 — 1563 - f - M - Carolus VIIII D G Fran Rex - 30 - 9

18 — 1563 - f - 9 - Carolus VIIII D G Franco Rex - 25 - 5

19 — 1567 - Carolus IX D G Franc Rex - 24 - 3

20 — 1576 - f - M - Henricus III D G Franc et Pol Rex - 30 - 9

21 — 1578 - f - H - Henricus III D G Franc et Pol Rex - 30 - 6

22 — 1580 - Henricus III D G Fan et Po Rex - 26 - 3

23 — 1582 - f - H - Henricus III D G Franco Rex - 33 - 14

24 — 1585 - s - Henricus III D G Fran et Pol Rex - 25 - 4

25 — 15.. - s - Henricus III D G Franc et Pol Rex - 25 - 4

26 — 1587 - Henricus III D G Fran et Pol Rex - 31 - 10

27 — 1587 - f - C - Henricus III D G Fran et Pol Rex - 29 - 7

28 — 1587 - Henricus III D G Franc et Pol Rex - 26 - 5

29 — 1588 - f - G - Henricus III Dei G Fr et Pol Rex - 29 - 7

30 — 1589 - Henricus III D G Franc et Pol Rex -2 5 - 7

31 — 15.. - Henricus III D G Fanc et Pol Rex - 24 - 4

32 — 1592 - f - M - Henricus III D G Franc et Pol Rex - 28 - 6

33 — 1595 - Henricus III D G Fran et Pol Rex - 24 - 2

34 — 1590 - Carolus X D G Franc Rex - 22 - 3

35 — 1592 - Carolus X D G Franc Rex - 27 - 10

36 — 1592 - Carolus X D G Francor Rex - 26 3

37 — 15.. - f - P - Joanna D G Reg Navre D B - 27 - 9

38 — 15.. - f - Theodor Eps Mete-Grossus Metes - 26 - 3 1/2

39 — 1588 - Henricus IIII D G France et Nava Rex - 28 - 7

40 — 1590 - Henricus IIII D G Franc et Nava Rex - 29 - 7 1/2

41 — 1590 - f - K - Henricus IIII D G Francor et Navar Rex - 30 - 7

42 — 1590 - Henri 4 D G Fran e Navar Rex - 25 - 5

43 — 1597 - D - Henricus IIII D G Fran et Nava Rex - 29 - 8 1/2

44 — 1603 - f - H - Henricus IIII D. G Franc et Nava Rex - 25 - 3 1/2

45 — 1607 - f - R - .... 30 - 7

46 — 1610 - .... 27 - 7

47 — 1604 - f - Henric p Dombar D Montisf R - 30 - 9

48 — 1611 - K - Ludovic XIII D G Fran et Na R - 26 - 5

49 — 1626 - f - M - Ludovic XIII D G Franc et Nava Rex - 28 - 7 1/2

50 — 1640 - f - M - Ludovic XIII D G Franc et Nava Rex - 28 - 7

51 — 1642 - f - A - Ludovicus XIII D G Fr et Nav Rex - 33 - 14

52 — 1642 - f - A - .... 28 - 7

53 — 1642 - f - A - .... 20 - 2 1/2

54 — 1643 - f - A - .... 39 - 27 1/2

55 — 1643 - f - A - .... 20 - 2 1/2

56 — 1643 - f - A - Lud XIIII D G Fr et Nav Rex - 28 - 7

57 — 1644 - f - A - .... 20 - 2 1/2

58 — 1653 - f - A - .... 40 - 27 1/2

59 — 1653 - f - M - .... 31 - 13 1/2

60 — 1671 - f - L - .... 20 - 1 1/2

61 — 1674-75 - f - A - Lud XIIII = D G Fr et Na Rex - 15 - 3/4 — *2 p.*

62 — 1675 - f - A - Ludovicus XIIII D Gra = Fran et Navarræ Rex - 19 - 1 1/2

63 — 1676 - f - A - Lud XIIII D G Fr et Nav Rex - 19 - 27 1/2

64 — 1676 - f - D - Ludovicus XIIII D Gra = Fran et Navarræ Rex - 19 - 1 1/2

65 — 1683 - f - 9 - Lud XIIII D G Fr et Nav Rex - 39 - 27 1/2

66 — 1686 - f - LL - Ludovicus XIIII D G Fr et Nav Rex - 42 - 37

67 — 1686 - f - L - Lud XIIII D G Fr et Nav Rex - 34 - 18 1/2

68 — 1686 - f - LL - .... 28 - 9 1/2

69 — 1686 - f - L - Lud XIIII D G Fr et Nav Rex 24 - 5

70 — 1686 - f - L - .... 21 - 2 1/2

71 — 1690 - f - A - .... 34 - 13 1/2

72 — 1691 - f - .... 29 - 6 3/4

73 — 1691 - f - A - .... 27 - 6 3/4

74 — 1691 - f - A - .... 20 - 2 1/2 — *2 p.*

75 — 1692 - f - E - .... 20 - 1 1/2 — *2 p.*

76 — 1694 - f - Lud XIII et Nav et Nav Rex - 35 - 13 1/2

77 — 1694 - f - W - Lud XIIII D G Fr et Nav Rex - 24 - 4 1/2

78 — 1694 - f - A - .... 20 - 3 1/4

79 — 1695 - f - .... 20 - 1 1/2

80 — 1701 - BB - Moneta Nova Argentinensis - 36 - 15 1/4

81 — 1702-3 - f - A et B - L XIIII D G Fr et Nav Rex - 20 - 1 1/2 — *2 p.*

82 — 1703 - f - BB - Lud XIIII D G Fr et Nav Rex - 24 - 3 1/4

83 — 1704 - f - .... 22 - 2 1/2

84 — 1704 - f - BB - L XIIII D. Gr Fr et Na Rex - 18 - 1 1/2 — *3 p.*

85 — 1705 - BB - Moneta Nova Argentinensis - 33 - 9 1/2 — *2 p.*

86 — 17.. - f - S - Lud XIIII D G Fr et Nav Rex - 40 - 27 1/2

87 — 1706 - f - V - .... 22 - 3 1/4

88 — 1707 - f - BB - L XIIII D G Fr et Na Rex - 18 - 1 1/2

89 — 1708 - f - 9 - Lud XIIII D G Fr et Nav. Rex - 40 - 27 1/2

90 — 1710 - f - D - .... 40 - 30 1/2

91 — 1710 - f - BB - .... 26 - 6

92 — 1711 - f - X - .... 28 - 7 1/2

93 — 1713 - f - X - .... 33 - 15

94 — 1715 - f - W - .... 23 - 3 1/4

95 — 1716 - f - A - Lud XV D G Fr Enedi. Rex - 41 - 30

96 — 1716 - f - BB - Lud XV D G Fr et Nav Rex - 35 - 12

97 — 1716 - f - W........................... 33 - 15

98 — 1716 - f - W........................... 23 - 3

99 — 1716 - f - W - Ludo 1713 Sit et Nav Rex - 23 - 2 1/2

100 — 1718 - f - W - Lud XV D G Fr et Nav Rex - 38 - 24 1/2

101 — 1719 - f - A........................... 23 - 4

102 — 1710 - f - W........................... 20 - 1 1/2

103 — 1720 - f - A - Lud XV XV G Fr et Nav Rex - 33 - 4

104 — 1720 - f - A - Lud XV D G Fr et Nav Rex - 21 - 3 1/2

105 — 1721 - f - A........................... 27 - 7 1/2

106 — 1721 - f - E........................... 24 - 4

107 — 1721 - f - V........................... 21 - 2

108 — 1725 - f - W........................... 38 - 23 1/2

109 — 1725 - f - A........................... 22 - 3

110 — 1726 - f - D........................... 21 - 3

111 — 1728 - f - A........................... 26 - 5 1/2

112 — 1728 - f - D........................... 18 - 1 1/2

113 — 1729 - f - 9 - .... 33 - 14 1/2

114 — 1736 - f - H........................... 40 - 29

115 — 1750 - f - A........................... 21 - 3

116 — 1750 - f - W........................... 18 - 1 1/2

117 — 1759 - f - A........................... 17 - 1 1/2

118 — 1761 - f - W........................... 33 - 15

119 — 1765 - f - L........................... 41 - 29 1/2

120 — 1770 - f - CC.......................... 28 - 6

121 — 1772 - f - PAU - Lud XV D G Fr et Nav Rex - 41 - 29 1/2

122 — 1774 - f - BB .... 28 - 5 1/2

123 — 1778 - f - A - Lud XVI D G Fr et Nav Rex - 21 - 3

124 — 1779 - f - A............................ 17 - 1 1/2

125 — 1782 - f - A............................ 26 - 6

126 — 1783 - f - A - Lud XVI D G Fr et N Rex - 18 1/2

127 — 1786 - f - A - Lud XVI D G Fr et Nav Rex - 41 - 30

128 — 1789 - f - M............................ 40 - 29

129 — 1790 - f - A............................ 41 - 29 1/2

130 — 1791 - f - A............................ 33 - 15

131 — 1791 - f - I - Louis XVI Roi des François = Règne de la Loi. L'an 3 de la Liberté - 24 - 4 1/2

132 — 1792 - f - I.. L'an 4 de la Liberté - 39 - 29

133 — 1793 - f - BB - Louis XVI Roi des Français = Règne de la Loi. L'an 4 de la Liberté - 32 - 14 1/2

134 — 1795 - f - A - Louis XVI Roi des François = Règne de la Loi. L'an 4 de la Liberté - 29 - 9 1/2

135 — 1792 - BP - 20 Sols à échanger en assignats. = Lefevre Lesage et Comp[ie] n[et] à Paris - 25 - 2 1/2 — *2 p.*

136 — 1792 - BP - 10 Sols etc. des mêmes - 21 - 1 1/4 — *2 p.*

137 — 1792 - BP - 5 Sols etc. des mêmes - 17 - 3/4 — *3 p.*

138 — 2792 - BP - 5 Sols payables en assignats = A la Manufacture de Porcelaine de Crussol-Potter - 16 - 3/4

139 — 1793 - A - Règne de la Loi = République françoise. — L'an II. — Six livres - 39 - 29 1/2

140 — 1803 - f - A - Bonaparte premier Consul - Franc, demi et quart de franc.

141 — 1804 - f - A - Napoléon Empereur = République française - Franc, demi et quart de franc.

142 — 1206 - f - A - Demi-franc pareil.

143 — 1808 - f - BB - Napoléon Empereur = République française - Franc, demi et quart de franc.

144 — 1808 - f - M - Napoleone Imperatore e Re = Regno d'Italia - 15 Soldi.

145 — 1811 - f - V - Pièce semblable - 10 Soldi.

146 — 1812 - f - V - Pièce semblable - 1 Lyra.

147 — 1814 - f - M - Pièce semblable - 5 Soldi.

148 — 1816 - f - Napoléon II Empereur = Empire français - Demi et quart de franc (Essai).

149 — 1831 - f - Henri V Roi de France - 1 franc.

150 — 1832 - f - Henri V Roi de France - 5 francs.

151 — 1832 - f - Pièce de 1 franc de même.

152 — 1832 - f - Pièce de 1 franc de même, ayant 5 millimètres d'épaisseur et pesant 21 1/2 gr.

153 — 1833 - f - Henri V Roi de France - Demi-franc.

154 — 1853 - f - Napoléon III par la grâce de Dieu et la volonté nationale = Empereur des Français—Pièce de 5 francs inaugurale.

155 — 1871 - A - Pièce de 5 francs frappée avec les coins de la République de 1848.

156 — 1871 - f - Henri V Roi de France — 5 francs.

157 — 1873 - f - Henri V Roi de France — 5 francs — Dédiée à la Commission monétaire internationale.

158 — 1874 - f - Napoléon IV Empereur — 5 francs (Essai).

LORRAINE

159 — 155. - f - Carolus D G Card Loth Ep Arca Met S Alsas Langra-30 - 7 1/2

160 — 1555 - f - Carol D G Cal Loth B Gel Dux = Moneta Nova Nancei cusa - 27 - 9

161 — 1605 - f - Carol D G Card Hep Gent et Met Alsas Langra - 30 - 8 1/2

162 — 1665 - f - Car IIII D G Dux Lot Mar D C B G = Moneta Nova Nancei Cusa - 24 - 4 1/2

163 — 1666 - f - Carolus D. G Dux Lot Mar D C B G = Moneta Nova Nancei Cusa - 24 - 4 1/2

164 — 17.. - f - Carl D G Cal Lotar B Gel Dux = Moneta Nova Nancei Cusa - 23 - 2 1/2

165 — 17.. - f - Leop I D G D Loth Bar Rex Ier - 29 - 8

166 — 1725 - f - Leop I D G D Lot Bar Rex Jer - 24 - 3 1/2

167 — 1727 - Leop I D G D Lot Bar Rex .. R = Pièce de xxx deniers - 23 - 2 1/2

HAINAUT — VALENCIENNES — GAND — FLANDRE BRABANT — BELGIQUE

168 — 133. - Guillelmus Comes Han = Moneta Valencenensis - 29 - 3 1/2

169 — 133. - Gulm Dx Dei Cr Com Karole Hon Z etc. = Moneta Nova Valenc - 30 - 3

170 — 134. - Margareta Comitissa — Signum Crucis = Moneta Valencenensis - 23 - 2 1/2

171 — 136. - Philipp Dei g Dx Burg Com Fland = Sit Nomen Domini Benedictum - 30 - 4

172 — 1584 - Mon Arg Civitatis Gandav = A Domino Auxil Nos - 29 - 6

173 — 1790 - Libertas Domini est Regnum - 40 - 32 1/2

174 — 1790 - Mon Nov Arg Prov Fæd Belg - 30 - 9 1/2

175 — 1790 - Domini est Regnum - 26 - 4 1/2

176 — 1853 - fff - 21-22 août - Léopold Premier Roi des Belges = L. L. Ph. M. V. duc de Brabant M. H. A. duchesse de Brabant - 37 - 25

177 — 1856 - 21 juillet - XXVe Anniversaire de l'Inauguration du Roi - 28 - 10

PROVINCES BATAVES & HOLLANDE

178 — 1675 - f - Mo. No. Arg. Pro. Confæ. Belg. West. F. - 43 - 33

179 — 1680 - Moneta Ordinum Hollandiæ - 32 - 9 1/2

180 — 1685 - f - Mo. No, Arg. Ordin. W. Frisiæ - 35 - 16

181 — 1685 - Mo. No. Ord. Traject - 38 - 15 1/2

182 — 1685-1694 - f - Mo. No. Arg. Civ. Daventriæ - 27 - 4 1/2 — *2 p.*

183 — 1687 - f - Mo. No. Arg. Ordin. Zelandiæ - 44 - 31 1/2

184 — 1687 - Mo. No. Argent. Ordin. Traj. - 32 - 10

185 — 1688 - f - Mo. No. Arg. Civ. Zutphaniæ - 29 - 4 1/2 — *2 p.*

186 — 1691 - f - Mo. No. Arg. Ordin. Trans Y - 38 - 15 1/2

187 — 1694 - Mo. Arg. Ord. Fæd. Belg. Gel - 31 - 5 1/2

188 — 1704 - Mo. Arg. Ord. Fæd. Belg. Gel et Cz. - 29 - 9

189 — 1739 - Stad. Utrecht - 22 - 3 1/2

190 — 1750 - Over Yssel - 22 - 4 1/2

191 — 1756 - M. Arg. Ord. Fæ. Belg. D. Gel et Cz - 21 - 3

192 — 1757 - O. V. C. - 18 - 1 1/2

193 — 1757 - D. Gelriæ - 18 - 1 1/2

194 — 1760 - Mo. Arg. Ord. Fæd. Belg. Traj. - 29 - 5

195 — 1763 - f - Mo. No. Arg. Pro. Confæ. Belg. Com. Zel. - 22 - 3 1/2

196 — 1764 - M. Arg. Ord. Fæ. Belg. Trans I - 31 - 9 1/2

197 — 1786 - Mo. Arg. Ord. Fæ. Belg. West F - 28 - 5

---

198 — 1808 - f - Nap. Lodew. I. Kon. Van Holl. - 35 - 26 1/2

199 — 1824 - f - Willem. Koning der Ned. G. H. V. L. - 40 - 32 1/2

200 — 1830 - f - Willem. Koning der Ned. G. H. V. L. - 24 - 5

ESPAGNE

201 — 1540 - Karolus D G Ro Imp Hisp Rex - 31 - 11

202 — 15.. - Karol V D G Rom Imp Hisp Rex - 28 - 3 — *3 p.*

203 — 1558 - f - Phs D G Hisp Rex Dux Gelr - 42 - 34

204 — 1558 - f - Phs D G Hisp Ang Rex Comes Flan - 41 - 34

205 — 1563 - f - Phs D G Hisp Rex Dux Brab - 35 - 15 1/2

206 — 1566 - f - Phs D G His Rex Dux Gel - 30 - 6 1/2

207 — 1566 - f - Phs D G Hisp Rex Comes Flan - 28 - 6

208 — 1572 - f - Phs D G Hisp Rex Dux Bra - 27 - 3 1/2

209 — 1576 - Phs D G Hisp Rex Dux Bra - 28 - 3 1/2

210 — 1594 .... - 28 - 3 1/2

211 — 16.. - Albertus et Elisabet Dei Gratia = Archid Aust Duces Burg et brab - 41 - 28

212 — 16.. - ....=............. - 30 - 7

213 — 16.. - Albertus et Elisaet Dei Gratia = Archiduc Au Dux Burg et Brab - 31 - 6 1/2

214 — 16.. - Albertus et Elisabet D G = Archiduces Aust Duces Burg et Br - 25 - 3

215 — 16.. - Albertus et Elisabeth Dei Gratia = Archid Aust Duces Burg et Dom Tor - 45 - 26

216 — 1617 - Philippus III D G = Hispaniarum Rex -40 - 26

217 — 1622-1651 - Phil IIII D G Hisp et Indiar Rex = Archid Aus Dux Burg Br - 30 - 5 — *2 p.*

218 — 1623 - .... = Archid Aus Dux Burg C Art - 30 - 5 — *2 p*

219 — 1624 - .... = Archid Aus Dux Burg D T - 29 - 4 1/2

220 — 1627 - Philippus IIII D G = Hispaniarum Rex - 20 - 3

221 — 1631 - Phil IIII D G Rex Hisp Indiar = Archidu Aust Du B Com..... - 30 - 5

222 — 1633 - f - Phil IIII D G Hisp et Indiar Rex = Archid Aust Dux Burg Brab - 40 - 29

223 — 1651 - f - ....=................. - 44 - 32 1/2

224 — 1651 - f - ....=................. - 36 - 16

225 — 1653 - f - Philip D G Hispania R = Barcino Civi - 21 - 3

226 — 1654 - Phil IIII D G Hisp et Indiar Rex - 42 - 28

227 — 1655 - .... = Archid Aust Dux Burg Dom Tor - 43 - 28

228 — 1655 - ....P.................. - 32 - 6 1/2

229 — 1670 - f - Carol II D G Hisp et Indiar Rex = Archid Aust Dux Burg Brab - 43 - 32 1/2

230 — 1672 - .... = ... - 43 - 27 1/2

231 — 1686 - .... - 42 - 28

232 — 1689 - f - Carolus II D G Rex Hisp = Utriusque Sici Hierus G 40 - 25 1/2

233 — 1692 - f - Car II D G Rex Hisp et Neap - 29 - 4 1/2

234 — 1711 - Carolus III D G = Hispaniarum Rex - 27 - 5

235 — 1723 - Philippus V D G = Hispaniarum Rex - 26 - 4

236 — 1724 - Ludovicus I D G = Hispaniarum Rex - 28 - 5

237 — 1737 - Philip V D G Hispan et Ind Rex = Utraque unum - 38 - 27

238 — 1738 - Philippus V D G = Hispaniarum Rex - 19 - 2 1/2

239 — 1746 - Phs V Hisp et Ind R - 16 - 2

240 — 1756 - Ferdinandus VI D G = Hispaniarum Rex - 20 - 2 1/2

241 — 1763 - Car III D G Hisp et Ind R - 20 - 3 1/2

242 — 1766 - Carolus III D G = Hispaniarum Rex - 26 - 5 1/2

243 — 1773 - f - Carolus III Dei Gratia = Hispan et Ind R - 17 - 1 1/2

244 — 1774 - f - Carolus III Dei Gratia = Hispand et Ind Rex - 28 - 6 1/2

245 — 1785 - f - Car...... Dei Gratia - 20 - 3

246 — 1797 - f - Carolus IIII Dei G = Hispaniarum Rex - 15 - 2

247 — 1798 - f - Carolus IIII Dei Gratia = Hispan et Ind Rex - 20 - 3 1/2

248 — 1799 - f - .... = ... - 16 - 3

249 — 1806 - f - .... = ... - 20 - 3

250 — 1808 - 30 S Fer VII - 36 - 27 — Pièce octogone.

251 — 1809 - f - Ferdin VII Dei Gratia = Hispan et Ind Rex - 27 - 6 1/2

252 — 1810 - f - Ferdind VII Dei Gratia = ... - 16 - 2

253 — 1809 - En Barcelona 2 1/2 Pesetas - 32 - 13 2/2

254 — 1810 - .... Peseta - 26 - 5 1/2 — *2 p.*

255 — 1812 - f - Joseph Nap Dei Gratia=Hispaniarum et Ind Rex - 26 - 6

256 — 1811 - f - .... =................... - 39 - 27

257 — 1820 - f - Ferdin VII Dei Gratia = Hispan et Ind Rex - 38 - 27

258 — 1820 - f - .... = Hispaniarum Rex - 15 - 1 1/2

259 — 1821 - Fr° VII - 30 Sous = Salus Populi - 40 - 26 1/2

260 — 1825 - Ferdin VII Dei Gratia = Hispaniarum Rex - 25 - 6

261 — 1850-59-62 - f - Isabel 2ᴬ etc. = Reina de las Espanas - 37 - 26 — *4 p.*

262 — 1873-Setiembre - Cartagena Sitiada Por los Centra listas = Revolucion Cantonal - 38 - 28 1/2

263 — 1847 à 1866 - Huit Pièces diverses à l'effigie d'Isabel 2ᴬ. — Ens. 30 gr.

264 — 1874 - f - Carolus VII Rey de las Espanas - 37 - 25

265 — 1874 - f - Carolus VII Dei Gracia = Hispaniarum Rex - 37 - 25

EMPIRE D'ALLEMAGNE — VILLES LIBRES PRINCES, ETC.

266 — 1542 - f - Carolus V Imperator = Moneta Civi Imp Bisuntinæ - 35 - 14

267 — 1548 - f - f - Johan Elec du Sax Bar Magd = Mauritius Dux Saxonie Fierifect - 40 - 29

268 — 155. - f - Ferdinand D G Archidux Austriæ = Dux Burgundie Comes Tirolis - 38 - 28 1/2

269 — 1561 - f - Fer D G Ro Imp S Aug Ger Hung Boh Rex = Inf His Arch Aust D Bur Co Tir - 27 - 9

270 — 1564 - f - Ferdinand D G Archid Austriæ = Dux Bur La Als Co Fer - 40 - 28

271 — 1569 - Maximi II Roma Im Sem Au = Gerard à Grois Ep Leo Bul Co Lo - 35 - 24 1/2

272 — 1579 - f - Augustus D. G Dux Saxo Sa Roma Imp = Archimarschal et Elec - 40 - 29

273 — 1603 - f - Rudol II D G Imp Se Augus = Mone Nova Lubece - 30 - 7

274 — 1610 - f - Christian II D G S Ro Imp Archm El = Johan Georg et August Frat et D S - 40 - 28 1/2

275 — 1622 - Tout avec Dieu = Christian Hertz Zu Braunsw u Lunenb - 42 - 29

276 — 1626-29 - Ferd II Rom Imper Se Au = Philipus Wolf Co In Hanaw et Z - 28 - 10 — *2 p.*

277 — 1634 - f - S Paulus Apost Patron Monasteri = Ferdinand 9 Elector Col Eps Monast Bava Dux - 40 - 28 1/2

278 — 1636 - Ferdinand II D G Rom Imp Semp August = Moneta Nova Repub Francofortensis - 40 - 29

279 — 16.. - Fer II D G Ro Im Se Au = Mon Breme - 27 - 3 1/3

280 — 1658 - Leopold D G Rom Imp Sem Aug = Stat Gelt Bremer - 36 - 11

281 — 1678 - f - Max Hen D G A C P E Ep et Princ Leod = Supremus Bullioniensis Dux - 44 - 32

282 — 1696 - D G Rud Aug & Anth Ulr D D Br & Luneb - 37 - 17

283 — 1705 - Mo No Arg Reg Hung - 36 - 14 1/2

284 — 1708 - Georg Lud D G D Brun & Lun S R J El = S Andreas Reviviscens - 22 - 2 1/2

285 — 1715 - f - J C D G Arch C S R J P F L B D - 25 - 4 1/2

286 — 1726 - Carolus VI D G Rom Imp Semp Aug = Hamburger Current Geldt - 29 - 10

287 — 1727 - .... = ... - 31 - 5

288 — 1728 - .... = Current Hamburger - 24 - 2 1/2

289 — 1740 - f - D G Car Alb U B Dux Archid & El - 34 - 3

290 — 1742 - Victor Fridericus D G P A Dux S A & W C Asc D B & S - 38 - 13

291 — 1751-52 - Theod Car D G Bav D = Dux B M E C L H Ep et Pr Leo 21 - 2 — *4 p.*

292 — 1752 - Franciscus D G Rom Imp Semp August = Hamburger Current Geld - 39 - 17 1/2

293 — 1750 - f - Mar Th D G R Imp G Hun Boh R = Arch Aus Dux Burg Brab C Fl - 40 - 33

294 — 1752 - f - ....=............ - 28 - 7 1/2 — *2 p.*

295 — 1753 - f - ....=............ - 24 - 4 1/2

296 — 1754 - f - ....=............ - 34 - 16

297 — 1751 - ....=............ - 28 - 10

298 — 1750-52-66-67 - ....=............ - 24 - 4 1/2 — *1 p.* au Lion combattant.

299 — 1751 - ....=............ - 24 - 4 1/2

300 — 1757 - Francis D. Gracia Roman Imperat S A = Germ Iero Rex Loth Bar Mag Het Dux - 41 - 29 1/2

301 — 1762 - f - Franc D G R J S A Ge Ier R Lo B M H D - 23 - 3

302 — 1764-67 — Mar Theresia D G R Imp Germ Hung Boh Reg = Arch Aust Dux Burg Brab Com Fland - 33 - 14 1/2 — *2 p.*

303 — 1774 - .... = ... - 39 - 29 1/2

304 — 1771 - f - S Lambertus Patronus Leod = Dec et Cap Leod Sede Vacante - 24 - 5

305 — 1776 - f - Mar Th D G R Imp H B R Dux Luxemb - 26 - 5

306 — 1779 - f - Joseph II D G R J S A Ge Rex A A Lo & M H D - 28 - 6 1/2

307 — 1780 - S Maria Mater Dei Patrona Hung = M Ther D G R Imp H B R A A D B C T - 41 - 28

308 — 1780 - f - M Theresia D G R Imp Hu Bo Reg = Archid Aust Dux Burg Co Tyr - 40 - 27

309 — 1786 - f - Joseph II D G R Imp S A Germ Hier Hung Boh Rex = Archid Aust Dux Bur Loth Brab Com Flan - 40 - 29 1/2

310 — 1787 - f - Frid August D G Dux Sax Elector - 29 - 7

311 — 1787 - f - B - Joseph II D G R J S A Germ Hu Bo Rex = Arch Aust D Burg Loth M D Het - 28 - 6 1/2

312 — 1788 - f - A .... = Arch Aust Dux Burg Loth Brab Com Flan - 34 - 14 1/2

313 — 1789 - D G Carolus Guil Ferd Dux Bruns et Lun - 35 - 17 1/2

314 — 1789 - f - Jos II D G R Imp S A H B R Dux Luxemb - 26 - 5

315 — 1789 - Jos II D G R Imp S A Ger Hier Hung Boh R = Arch Aust D Burg Loth Brab C Fl - 22 - 2 1/2

316 — 1789 ....=.................... - 20 - 2

317 — 1790 - f - B - Joseph II D G R J S A Ger Hie Hun Boh Rex = Arch Aust Dux Burg Loth Brab Com Flan - 30 - 7 1/2

318 — 1790 - f - P Leopoldus D G P R H et B A A M D Etrur - 41 - 27

319 — 1793 - f - M - Franciscus II D G R J S A Ger Hie Hun Boh Rex = Arch Aust Dux Burg Loth Brab Com Flan - 40 - 29 1/2 — *2 p.*

320 — 1793 - Franc II, etc..............=.............. - 22 - 2 1/2

321 — 1797 - f - ....=.............. - 30 - 7 1/2

322 — 1796 - f - Frid August D G Dux Sax Elector - 29 - 7

323 — 1797 - Populus et Senatus Bon - 39 - 29

324 — 1809 - 32 Schillinge Hamburger courant - 33 - 14 1/2

325 — 1808 - f - Hieronymus Napoleon = Kœnig V Wesph Fr Pr — Demi-franc - 18 - 2 1/2

326 — 1811 - f - Hieronymus Napoleon Kœnig V Wesphalen Fr Pr - 38 - 28

BRANDEBOURG, PRUSSE

327 — 1542 - f - Alber D G Mar Bran Dux Pruss - 23 - 2

328 — 1692 - f - Frider III D G M B S R J A C & - 38 - 17 1/2

329 — 1699 - f - Fridericus III D G M B S R J A C & E = Supremus Dux in Prussia - 29 - 6 1/2

330 — 1771 - f - Fridericus Borussorum Rex - 39 - 22

331 — 1771 - f - .... - 30 - 9 1/2

332 — 1772 - f - .... - 30 - 8

333 — 1774 - f - .... - 29 - 8

334 — 1781 - f - .... - 38 - 22

335 — 1790 - f - Fried Wilhelm Kœnig Von Preussen - 38 - 22

336 — 1793 - f - .... - 38 - 22

337 — 1799 - f - Friedr Wilhelm III Kœnig Von Preussen - 37 - 22

338 — 1814 - f - .... - 36 - 22

339 — 1818 - f - .... - 34 - 32

340 — 1823 - f - .... - 34 - 22

341 — 1831 - f - .... - 34 - 22

RUSSIE

342 — 1724 - f - Petre A Imperatore - 40 - 28 1/2

343 — 1727 - f - Ekaterina Imperatrix - 40 - 28

344 — 1727 - f - Petre II Imperatore - 40 - 28

345 — 1737 - f - Em Anna Imperatrix - 41 - 26

346 — 1739 - f - .... - 41 - 26

347 — 1741 - f - Em Elicabete I Imp - 32 - 13

348 — 1749 - f - .... - 41 - 25 1/2

349 — 1779 - f - Em Ekaterina II Imp - 22 - 3 1/2

350 — 1784 - f - .... - 24 - 5

ANGLETERRE

351 — 132. - f - Edward VI D G Agl Fra Z Hib Rex - 32 - 5 1/2

352 — 1562 - f - Elizabeth D G Ang Fra et Hib Regina - 26 - 3

353 — 1592 - f - Elizab D G Ang Fr et Hib Regi - 26 - 3

354 — 1707 - f - Anna Dei Gratia = Mag Bri Fr et Hib Reg - 30 - 30

355 — 1711 - f - .... = ... - 25 - 5 1/2

356 — 1743 - f - Georgius II Dei Gratia = M B F et H Rex - 21 - 3

357 — 1745 - f - .... = ... - 25 - 6

358 — 1758 - f - .... = ... - 26 - 6

359 — 1758 - f - .... = ... - 20 - 3

360 — 1787 - f - Georgius III Dei Gratia = M B Fr et H Rex - 26 - 6

361 — 1795 - f - Georg III D G M Brit Fr & Hib Rex F D - 24 - 3 1/2

362 — 1804 - f - Georgius III Dei Gratia Rex - 41 - 27

363 — 1812 - f - .... - 27 - 7 1/2

364 — 1813 - f - .... - 22 - 3 1/2

365 — 1816 - f - Georgius III D G Britt Rex F D - 19 - 2 1/2

POLOGNE — PORTUGAL — SUÈDE

366 — 1590 - f - Sig III D G Rex Po D Li - 24 - 3 1/2

367 — 1622 - f - Sigis III D G Rex Pol M D Li Rus Prus M - 30 - 6 1/2

368 — 1665 - f - Monet Nov Arg Reg Pol = Le chiffre de Jean Casimir 31 - 5 1/2

369 — 1667 - f - Joan Casimir D G Rex Pol & Suc - 29 - 5 1/2

370 — 1720 - f - D G Frid August Rex Poloniar - 31 - 7

371 — 1755 - f - D G Frid August Rex Pol - 23 - 3 1/2

372 — 1755 - f - D G Augustus III Rex Poloniarum - 28 - 5 1/2

373 — 1766 - f - D G Augustus III Rex Pol M D L R Pr D S & El = Mon Argent Civitat Gedanensis - 28 - 6

374 — 1766 - f - Stanislas Aug D G Rex Pol M D L - 28 - 5

375 — 1812 - f - Frid Aug Rex Sax Dux Varsov - 29 - 8 1/2

376 — 17.. - Joannes V D G Por et Alg Rex - 22 - 3 — *2 p.*

377 - 1668 - f - Carolus XI Rex Sueciæ - 30 - 10

ÉTATS ITALIENS — PAPES, ETC.

378 — 146. - f - Galeaz M S f Viceco Dux M etc. - 28 - 9 1/2

379 — 15.. - f - Gulielmus Mar Monfe = Sacri Ro Imp Princ Vica P P - 29-8

380 — 1797 - Republica Cisalpina - 29 - 7

381 — 1798 - Gaule Subalpine An 10 - 37 - 25

382 — 1794 - Fred I H J D G Par Pl Vast D - 24 - 4

383 — 1815 - f - Maria Luigia, etc. = Per la gr di Dei duch di Parma Plac e Guast - 37 - 25

384 — 1815 - f - Maria Luigia, etc. == Per la gr di Dei duch di Parma Piac e Guast - 23 - 5

385 — 1815 - f - ....==.................. - 18 - 2 1/2

386 — 1815 - f - ....==.................. - 15 - 1 -/2

387 — 1724 - S M V Aloysius Mocenigo D..... - 32 - 7

388 — 1786 - f - Paulo Rainerio duce == Republica Veneta - 40 - 28 1/2

389 — 1790 - f - Ludovico Manin duce == .... - 33 - 12 1/2

390 — 1797 - Liberta Eguglianza == Anno I Della Liberta Italiana Lire diece Venete - 40 - 28 1/2

391 — 1848 - Republica Veneta == Unione Italiana - 5 Lire - 38 - 25

392 — 1631 - Urbanus VIII Pont M - 24 - 2

393 — 1754 - f - Bened XIV Pont Max An XIV - 35 - 13

394 — 1780 - Pius Sextus Pont M A VI - 41 - 26

395 — 1784 - f -.............. A X - 25 - 5 1/2

396 — 1788 - .... A XIII - 20 - 1

397 — 1790 - .... A XV - 30 - 8

398 — 1816 - Pius VII P M A XIII - 18 - 1 1/2

399 — 1831 - f - Gregorius XVI Pon Max An I - 38 - 26 1/2

400 — 1838 - f - .... A VIII - 22 - 5

401 — 1843 - .... A XIII - 17 - 1

402 — 1807 - f - Carolus Lud D G Rex Etr et M Aloysia R Rectrix I I H H 44 - 39 1/2

403 — 1844 - f - Leopoldo II A d'A Granduca de Toscana - 25 - 7

404 — 1857 - f - Leop II D G P R H et B A A M D Etr - 18 - 1 1/2

405 — 1738 - f - Carolus D G Sic et Hier Rex Hisp Inf - 34 - 13 1/2

406 — 1796 - f - Ferdinan IV Siciliar et Hie Rex== Hispaniar Infans - 24 - 4 1/2

407 — 1808 - f - Joseph Napol D G Utr Sicil Rex - 39 - 27

408 — 1809 - f - Gioacchimo Napol Re delle due Sicilie - 38 - 28

409 — 1813 - f - Gioacchino Napoleone = Regno delle due Sicilie — 5 Lire, — 2 L., — 1 L., — 1/2 L. — *4 p.*

410 — 1818 - f - Ferd IV Regni Siciliarum et Hier Rex = Hispaniarum Infans - 37 - 27

411 — 1825 - f - Franciscus I Dei Gratia Rex - 38 - 27 1/2

412 — 1935 - f - Ferdinandus II Dei Gratia Rex - 22 - 4 1/2

413 — 1836 - f - .... - 18 - 2

414 — 1856 - f - .... - 37 - 27 1/2

415 — 1806 - f - Felice ed Elisa P P di Lucca e Piombino - 23 - 5

416 — 0805-7-8 - .... - 37 - 25 — *3 p.*

---

417 — **7** Monnaies de Chine et d'Egypte. — 103 gr.

418 — **88** Pièces d'Asie, Afrique et Amérique. — 851 gr.

419 — **247** Pièces de divers pays d'Europe. — 1,970 gr.

420 — **44** Médailles de Valenciennes. — 822 gr.

IMPRIMERIE Ve EDMON PRIGNET, RUE DE MONS, 11, A VALENCIENNES.

www.ingramcontent.com/pod-product-compliance
Ingram Content Group UK Ltd.
Pitfield, Milton Keynes, MK11 3LW, UK
UKHW020338180726
13839UKWH00002B/780

9 782329 516585